登記法實用　全

登記法實用　全

坂崎僊著
小田資治
麻生悌之輔補

明治二十年五版

日本立法資料全集　別巻
1429

信山社

坂崎侢著
小田資治
麻生悌之輔補

登記法實用 全

明治二十年八月五版
報行社藏版

凡例

一本書ハ登記法ニ從ヒ登記ヲ請フ者若クハ登記ヲ取扱フ者ノ爲メニ輙ク其手續ヲ知ルノ便ニ供シ且ツ完全有効ナル登記ヲ爲サシムルヲ以テ之カ目的トス故ニ登記請求ノ手續及ヒ登記ヲ爲スノ程式ハ詎テ之ヲ明示スト雖モ法理ヲ論シ理由ヲ辯スルニ至テハ目的外ニ屬スルヲ以テ煩ヲ避テ之ヲ省畧セリ

一本書ハ各條ノ下參照、解、手續、問答、例ノ數部門ヲ分テ參照ニハ參看スヘキ法條ヲ示シ解ニハ法條ノ文義ヲ解シ手續キニハ請求及ヒ登記ノ手順ヲ示シ問答ニハ種々ノ場合ニ於ケル疑問ヲ決シ例ニハ請求及ヒ登記ニ關スル書面ノ程式ヲ掲ク其他或ハ注意實用等ノ部門ヲ設クルコアリ但記載スヘキ事項アラサルトキハ必スシモ各部門ヲ列擧セス

一本書中法。第何條ト書スルハ登記法。ヲ云フモノニシテ令。第何條ト書スルモノハ明治十九年司法省令。甲第五號登記請求手續ヲ指シ規。第何條ト書スルモノハ同年司法省訓令第三十二號登記法取扱規。則ヲ畧言スルモノナリ其他ノ法律規則ニ至テハ明カニ其布告ノ番號若クハ規則ノ名稱等ヲ掲示セリ

一本書中字傍ニ圏點ヲ付スルモノハ主眼ノ事項ニシテ讀者ノ注意スヘキモノタルヲ示スナリ

一問答ハ實際ニ生スヘキ種々ノ場合ヲ想像シテ之ヲ設ケタリト雖モ世間百般ノ事件未タ之ヲ掲ケサルモノアルヘシ故ニ右等ノ疑問ト將來登記法ニ關シ發布セラレタル法律規則ハ本書ノ第二編トシテ更ニ著述スル所アラントス

明治十九年十二月

著者識

登記法實用目錄

第一卷　登記法

第一章　總則

第四章　登記料及手數料

六

第四卷　附錄

目録終

登記法實用

坂崎侈著
小田貧治
麻生悌之輔補

第一卷　登記法 明治十九年法律第一號

○登記法ノ目的　本法ノ目的ハ地所建物船舶ニ關スル所有權ノ所在及ヒ抵當權ノ有無ヲ登記所ノ簿冊ニ登記シテ之ヲ公示シ一ハ其權利者ヲシテ權利ヲ得ルノ所爲アリシコト及ヒ其日時ヲ証スルノ用ニ供シ一ハ世人ヲシテ所有權ノ所在及ヒ抵當權ノ有無ヲ捜査シテ意外ノ損失ヲ避クルノ便ヲ得セシムルニ在リ」本法ハ仍ホ他ニ一ノ目的ヲ有スルモノヽ如シ蓋シ漸次全國ノ地所建物船舶ヲ悉ク登記シテ以テ所有權ヲ明瞭鞏固ナラシメ

ント欲スルニ非サルカ若シ否ラストセハ先人ノ位置ヲ代表スルニ過キサル相續ノ場合ニ於テ之ヲ登記スルノ理由ヲ解スルニ苦シムヘシ

○登記ノ効力　登記ハ地所等ニ付テ權利ヲ有スル旨ヲ公示揚言スルノ方法ナレハ隨テ世人ニ對シ所有者タルノ權ヲ行ヒ若クハ抵當權ヲ主張シテ先取ヲ爲スヲ得ルノ効ヲ生スルモノナリ契約者相對ノ間(例之ハ賣主買主ノ間)ニ於テハ登記ニ因リ別段ニ權利義務ヲ確實ナラシムルモノニ非スシテ全ク相對ノ契約ニ支配セラルヽモノナリ故ニ例之ハ登記簿ニ賣買ノ旨ヲ登記スルモ別ニ其實質地ナル旨ノ相對契約ヲ爲ス時ハ相對間ニ限リテハ質地ノ効ヲ生スヘシ

○登記法ノ範圍　本法ハ左ノ二條件ヲ具備スルモノニアラサレ

ハ之ヲ支配セス
一地所建物又ハ船舶ナルヿ
一賣買讓與質入書入ナルヿ（法第一條參照）
條件ヲ具備スルトハ例之ハ地所ノ賣買又ハ船舶ノ書入ノ類ナリ
條件ヲ具備セストハ例之ハ建物ノ賃貸又ハ汽車ノ書入ノ類ナリ
然レトモ登記ヲ爲スヘカラサルニ之レヲ爲シ無効ニ屬スルノ弊ハ登記スヘキモノヲ登記セス願人ノ權利ヲ失ハシムルノ害ニ比スレハ其弊タルヤ輕シ故ニ登記スヘキト否トノ疑點決セサル場合ニ於テハ登記官ハ寧ロ之レヲ登記スルヲ以テ優レリトス

第一章 總則

第一條 地所建物船舶ノ賣買讓與質入書入ノ登記ヲ請ハントスル者ハ本法ニ從ヒ地所建物ハ其所在地船舶ハ其定繫場ノ登記所ニ登記ヲ請フ可シ

(解)賣買 賣買ハ所有權全部ノ賣買ヲ云フ(所有權ノ一部ノ賣買即チ地役ノ設定ノ如キハ此内ニ包含セス)但シ交換ハ賣買中ニ包含ス

讓與 讓與モ亦全所有權ノ讓與ヲ云フ

質入 質入ハ地所ニ限ルモノトス(法第二十二條並ニ地所質入書入規則及建物書入質規則參照)

書入 建物船舶ノ書入質モ亦本法ニ於テハ書入ト稱ス

登記ヲ請ハントスル者 登記ヲ請フト否トハ本人ノ隨意ニ任

スヲ云フ但賣主又ハ質入人ノ如キハ買主又ハ質取人ニ對シ登記ヲ拒ムコヲ得サルハ契約ヨリ生スル所ノ義務ナリ

本法ニ從ヒ　本法ニ從ヒトハ登記法ノ手續ニ從ヒ且ツ登記料等ヲ納ムヘキヲ云フ

定繋場　船籍ノ在ル所ヲ云フ

〔注意〕登記所ハ其管轄内ニ在ラサル所ノ地所建物船舶ニ關スル登記ヲ爲スモ其効ナシトス因テ甲登記所管内ニ在ル地所ト乙登記所管内ニ在ル地所トヲ合併シテ書入タルトキノ如キハ必ス甲乙兩登記所ニ其登記ヲ請フヲ要ス

〔手續〕○登記ヲ請フニハ左ノ諸件ヲ具フヘシ

一願人ノ出頭〔令第二條〕

二實印ヲ捺シタル名刺〔令第一條〕

三契約證書其他登記ヲ請フ証據（法第九條及第十四條ヨリ第十九條マテ第二十一條ヨリ第二十三條マテ幷ニ令第七條）
四實印（法第八條）
五登記料（法第二十五條以下）
○若シ未タ登記簿ニ登記ナキ物件ナルトキハ左ノ諸件ヲモ併セテ之ヲ備ヘサルヘカラス
六戸長ノ証明書（法第四十條）
七印鑑証明書（令第三條）
八地劵又ハ鑑札但質入中ノ地劵又ハ船舶ニ釘付アル鑑札ハ差出スコ及ハス（令第四條）
九圖面アルモノハ其圖面ノ寫（令第五條、六條）

第二條　地所建物船舶ノ賣買讓與質入書入ノ登記ハ

始審裁判所長之ヲ監督ス可シ

（理由）監督　登記ハ司法部内ノ行政事務ニ屬スルモノナリ故ニ始審裁判所長之ヲ監督ス

第三條　登記事務ハ治安裁判所ニ於テ之ヲ取扱フモノトス治安裁判所遠隔ノ地方ニ於テハ郡區役所其他司法大臣ノ指定スル所ニ於テ之ヲ取扱ハシム

（理由）治安裁判所　登記ハ人民相對ノ利益即チ私權ヲ保護スル爲メニ之ヲ設クルモノニシテ民法ニ屬スルモノナリ故ニ治安裁判所ニ於テ之ヲ取扱ハシム郡區役所等ニ之ヲ取扱ハシムルハ治安裁判所ノ設置未タ治ネカラス之カ爲メ實際不便アルヲ以テ一時ノ便法ヲ施シタルモノナラン

第四條　登記所ノ位置及ヒ其管轄ノ區域ハ司法大臣之ヲ定ム

（參照）明治十九年司法省令甲第四號ヲ以テ之ヲ定メラレタリ

第五條　登記官吏ハ登記事務取扱ニ付テハ始審裁判所長ノ監督ヲ受クルモノトス

第六條　登記簿ニ登記ヲ爲サヽル地所建物船舶ノ賣買讓質入書入ハ第三者ニ對シ法律上其効ナキモノトス

（解）第三者　賣買等ノ契約ヲ爲シタル者ヨリ以外ノ者ヲ云フ

法律上其効ナキモノトス　法律上其効ナシトハ登記セサル事柄ヲ主張シテ他人ノ權利ヲ害スルヲ得サルヲ云フ故ニ其地所等ニ付キ法律ニ從ヒ正當ノ原由ニ依リ良意ヲ以テ權利ヲ得タ

ル者ニ對シテハ之ト權利ヲ爭フヲ得サルノ旨趣ト解スヘク僅ニ相對熟談上ニノミ有効ニシテ法律上ニ於テハ一切無効ナリト解シ不良意ノ第三者若クハ權利ナクシテ妨害ヲ加フル第三者ニ向テモ亦賣買等ノ効ナシトスルニ至テハ決シテ穩當ノ解釋ニアラサルナリ

〔例〕甲者アリ乙者ヨリ船舶ヲ買取リ未タ登記セサル以前乙者ハ丙者ニ其船舶ヲ二重ニ賣渡シ丙者之ヲ登記セリ此場合ニ於テ甲者ト丙者トハ互ニ第三者ナレハ甲者ハ己レカ先キニ買取リタル旨ヲ申立丙者ニ船舶ノ引渡ヲ求ムルコトヲ得ス

甲者アリ乙者ヨリ地所ヲ買取リタルモ未タ登記ヲ爲サヽル内乙者ハ丙者ニ其地所ノ永小作權ヲ賣渡シタリ此場合ニ於テ丙者ト甲者トハ互ニ第三者ナリ又永小作權ノ賣買ハ登記セサル

モ法律上有効ナレハ即法律ニ從テ有スル所ノ權ナリ故ニ甲者ハ丙者ヲ斥ケテ小作權マテモ己レニ有スルヿヲ得サルナリ甲者アリ乙者ヨリ建物ヲ讓受ケタリ然ルニ丙者アリ乙者ノ承諾ヲ經ス擅ニ其建物ニ住居セリ此場合ニ於テ丙者ハ第三者ナルモ法律ニ從ヒ權利ヲ得タルモノニアラサレハ甲者ハ登記以前ナルニ拘ハラス丙者ヲ放逐スルヿヲ得ヘシ

第七條　地所建物船舶ノ賣買讓與質入書入ニ付登記スヘキ概目左ノ如シ

第一　地所ハ郡區町村名、字、番地、地目、反別、若シクハ坪數、地劵面ノ價格

第二　建物ハ郡區町村名、字、番地、地目構造ノ種類、建坪、造作ノ有無

第三　西洋形船舶ハ汽船、風帆船ノ區別、船名、番號、登簿噸數、公稱馬力、汽機及ヒ汽罐ノ種類、端船其他必要ノ所屬品

第四　日本形船舶ハ船名、番號、積石數、間數、端船其他必要ノ所屬品

第五　登記ノ事由

第六　金額

第七　質入書入ハ其期限及ヒ利息

第八　所有者及ヒ登記ヲ受ル者ノ氏名住所

第九　一筆ノ地所又ハ一棟ノ建物ヲ區別シ賣買讓與質入書入ヲ爲スキハ其事實

第十　二番以後ノ書入ヲ爲シ又ハ書入ニ爲シタル

モノヲ質入ト爲シ質入ニ爲シタルモノヲ書入ト爲ス時ハ其事實

第十一　登記ノ年月日

（解）概目。　概目トハ登記スヘキ事柄ノ概畧ヲ示シタルモノナリ故ニ此他ニモ必要ノ事柄ハ之ヲ登記スヘク又時トシテハ概目中ノ稜ヲ記シ得サルコトアリ例ヘハ裂地賣買ノ塲合ニ於テハ地劵面ノ價額ハ未タ定マラサルカ如シ（法第二十條參照）故ニ斯カル塲合ニハ地劵面ノ價格ヲ登記セサルモ妨ケナキモノトス

地目。　田畑、宅地、池沼、山林等ノ區別ヲ云フ（明治十七年第七號布告地租條例參照）

番號。　鑑札番號ヲ云フ

登簿噸數。　噸數ノ總計ヨリ汽關室等ヲ引去リタル殘噸數ヲ登

簿噸數ト云フ

公稱馬力　公稱馬力ハ機械製造者等ノ通稱スルモノニシテ大小ヲ測知スル爲メニ用フルモノナリ眞ニ機械ヲ動カス馬力ハ之ヲ實馬力ト云フ

登記ノ事由　賣買質入等ノ區別其他契約ノ要領及ヒ何々ノ証書ニ依リ登記セシ旨ヲ記スルノ類ヲ云フ

金額　賣買代金貸借金額等ヲ云フ

所有者及登記ヲ受クル者　所有者トハ地所建物船舶ノ買受、讓受人、又ハ質入人等ヲ云フ、登記ヲ受クル者ト讓渡、讓渡人又ハ質取人等ヲ云フ

一筆ノ地所云々其事實　裂地賣買ヲ爲シ又ハ建家ノ幾分ヲ書入ト爲ス等ノ場合ニ於テハ其旨ヲ登記事由中ニ記載スヘキヲ

云フ
二番以後ノ書入云々其事實　二番書入等ヲ約スル片ハ其旨ヲ登記事由中ニ記載スヘキヲ云フ
登記ノ年月日　登記簿ニ登記ヲ為シタル年月日ヲ云フ
〔問答〕造作　造作ハ詳細ニ之ヲ記スルヲ要スルカ○証書面ニ記スル所ニ依リ單ニ造作付ト記スルモ妨ケナシ若シ証書面ニ詳細ノ記載アル片ハ之ヲ寫載スヘシ是証書ニ記スルハ畢竟必要アルカ為メナレハナリ
造作ノ範圍　疊建具ハ造作ニ包含スルヤ○地方ノ習慣ニ從ヒ一樣ナラス通常ハ敷居鴨居天井等ヲ造作ト云フ
反別ト坪數　此區別ハ如何○坪數ヲ以テ稱スルハ市街宅地ニ限ル(地租條例參照)

構造ノ種類　木造、煉瓦石造、瓦葺、藁葺等ノ區別ヲ云フカ〇然リ

船名　漁船等無名ノモノハ如何登記スルカ〇漁船一艘ト記スレハ足レリ

必要ノ所屬品　碇帆櫓苫ノ類カ〇然リ

金額　登記金額ト登記料ノ目安トナル金額トハ毎子ニ同額ナルヤ〇然リ

金額ノ種類　登記スヘキ金額ノ種類ヲ明示セヨ〇左ノ區別ニ從フヘシ

一賣買ニ付テハ賣買代金若クハ拂下買上ノ代金（法第二十五條）

二讓與ニ付テハ地所等ノ相當價格、相續若クハ官有地ノ無代價下渡ニ付テモ亦同シ（法第二十六條、第二十九條）

三交換ニ付テハ其地所等ノ價格（讓與ニ準ス）

四共有物ヲ分派セシ時ハ各自ノ得タル地所等ノ價格（讓與ニ準ス）

五質入書入ニ付テハ貸借ノ元金額若クハ貸渡品ノ價格（法第二十七條）

六貸借ニアラスシテ義務ヲ果スヘキ保証ノ爲メ質入書入スル場合ニ於テハ其抵當權ノ價格但保証ノ金額ヲ定メタル時ハ其金額（法第二十八條ノ一項）

七差押、假差押、ニ付テハ差押ヘタル地所等ノ價格（法第二十八條ノ二項）

八差留假差留ニ付テハ差留ノ金額即チ差留ヲ受クル金額（右同）

九假處分ニ付テハ地所等ノ價格（右同）

十収益差押ニ付テハ収益ノ金額又ハ價格例ヘハ小作米ヲ差押タルトキハ収穫物ノ價格又家賃ヲ差押タルトキ其家賃ノ金額（右同）

金額ノ分合　例ヘハ第一號ノ地所ト第二號ノ建物トヲ合併シテ千圓ニ賣買シタルトキ金額ハ如何ニ登記スルヤ〇金千圓ト記シ且ツ第何號何番ト合併高ト登記スヘシ

質入ノ利息　此利息ハ質入規則ニ於テ作徳ノ全部ト定マルモノナレハ別ニ登記スルヲ要セス登記簿中利息ノ欄ハ十字線ヲ以テ之ヲ消シ置クヘキヤ〇然リ

期限　期限ナキモノ又ハ未必條件ニ關スルモノ即チ身元保証ノ場合ノ如キハ期限ノ欄ニ之レヲ記スルカ〇否期限ノ欄ハ之ヲ抹却シ登記ノ事由中ニ之ヲ明記スヘシ（建物書入質規則參

照）

元利合併　元利ヲ合併シ數次ニ返濟スルモノ俗ニ云フ濟崩《ナシクズシ》ノ類ハ如何登記スヘキカ○合併額ヲ金額欄内ニ登記シ返濟ノ方法ヲ登記事由ノ欄内ニ記シ利息ノ欄ヲ抹却スヘシ

抵當貸主　他人ノ貸借ニ付キ抵當物ヲ貸シタルモノ、住所氏名ハ負債者ノ欄内ニ登記スヘキカ○然リ且ツ抵當貸主トノ肩書ヲ爲シ置クヘシ

區別シタル書入　區別シテ書入スルトハ此地所ノ三分一ト云フノ類カ○然リ然レ𪜈圖面等ニ依リ區別判然セサレハ不明瞭ノ爲メ不都合ヲ生スルヿアリ宜ク注意シテ明瞭ニ登記スヘキナリ

二番書入　二番ノ書入ハ其順ニ由リ登記簿ノ第壹番ヲ明ケ置

キ第二番ノ欄內ニ其登記ヲ爲スヘキヤ○否第壹番ニ之ヲ記シ登記事由中ニ二番以后ノ書入タルコトヲ明記スヘシ但順番ハ單ニ登記ノ順番ヲ示スニ止マリ權利ノ優劣ヲ定ムルノ根據トハナラサルモノナリ

一番權ノ拋棄　二番書入ヲ爲スニ際シ一番ノ債主ニ於テ一番權ヲ二番債主ニ與ヘ而メ其次番ニ列スヘキコヲ承諾セル旨申立ルトキハ如何登記スヘキヤ○申立ニ任セ二番ノ登記事由中ニ之ヲ記載シ一番債主ヲシテ一番債主ノ肩書ヲ以テ負債主ノ欄內ニ署名捺印セシメ且ツ一番書入ノ變更欄內ニモ亦其旨ヲ登記スヘシ

物

何郡何村

字何

何番地

一田何反何畝歩　㊞（所有者即チ權利移付者ノ印）

地價金何圓

同村

字何

取

件

何番地
一畑何反何畝步㊞
地價金何圓
同村
字何
何番地
一宅地何反何畝步㊞
地價金何圓

消

○第二　建物

物

何區何町

字何

何番宅地第何號（建物ノ番號）

一煉化造二階家　壹棟㊞

建坪何拾何坪

造作付圖面添

同番宅地第何號

建坪何坪ノ內何號（子號丑號ト記スルノ類）

取

件

一木造瓦葺平屋　壹棟ノ内㊞
建坪何拾坪
造作付圖面添
同番宅地第何號
一土藏　壹棟㊞
建坪何坪
造作付圖面添

消

○第三　西洋形船舶

物

定繋所何郡何村

第何號（鑑札番號）

一西洋形汽船　何々丸㊞

檣　何本

長　何尺

幅　何尺

深　何尺

取

件

登簿噸數　何噸
公稱馬力　若干
汽機　振動外車
汽罐　圓形
端船　何艘
何々　何々
何々　何々

消

○第四　日本形船舶

物

定繫所何郡何村

第何號（鑑札番號）

一日本形船　何々丸㊞

石數　何石積

長　何間

幅　何間

深　何間

取

件

端船　何艘
何々　何々
何々　何々

定繋所何
第何号（鑑札番号）

一日本形漁船㊞
長　何間
何々　何々

消

○第五　登記ノ事由

（賣買）

登記ノ事由
明治何年何月何日付ノ賣買証書ニ依リ登記ス 治安裁判所判事何某㊞

（書入）

抵當ノ事由
明治何年何月何日付ノ書入証書ニ依リ登記ス 某村戸長何某㊞

○第六　金額

〔賣買〕

名稱	金額
賣買代價	金何圓

〔讓與〕

名稱	金額
屆出價額	金何圓

〔質入〕

名稱	金額
質入	金何圓

○第七　質入書入ノ期限及利息

〔書入〕

利息	期限
年何歩	明治何年何月何日

〔質入〕

利息	期限
	明治何年何月何日

○第八　所有者及登記ヲ受クル者ノ氏名住所

（賣買讓與）

所有者	權利移付者
何國何郡何村何番地（本籍）何 某 ㊞	何國何郡何村何番地 何 某 ㊞

（質入書入）

債主	負債者
何國何郡何村何番地 何 某 ㊞	何國何郡何村何番地 何 某 ㊞

（注意）登記官ハ所有者等ノ住所ノミヲ記シ本人ヲシテ署名捺印セシム可キモノトス（規第廿三條）

○第九　區別及合併

（區別）

抵當ノ事由
何番地ノ内何反畝ヲ分割シテ質入ト爲シタリ但分割ノ區別ハ別紙圖面アリ 右明治何年何月何日付ノ質入証書ニ依リ登記ス 治安裁判所判事何某㊞

（合併）

抵當ノ事由
本號ノ地所ト第何號第何番地ノ畑何畝何歩ヲ合併シテ前記金額ノ質入ト爲シタリ 右明治何年何月何日付ノ質入証書ニ依リ登記ス 某郡長　何某㊞

○第十　二番以後ノ書入質入

抵當ノ事由
明治何年何月何日付書入証書ニ依リ登記ス但債主ニ於テ本號ノ地所ト第何號第何番地ノ畑何畝歩ヲ合併シ何某ヘ質入ト爲シアルコヲ了知ス 某村戸長何某㊞

第八條　登記ヲ請フ者アル中ハ登記官吏直ニ前條ノ概目ヲ審査シテ登記簿ニ登記シ本人ニ之ヲ示シ又ハ讀聞セタル上本人ヲシテ署名捺印セシメ且之ニ

署名捺印ス可シ

（解）直ニ　直ニトハ登記ヲ遲延スヘカラサルヲ云フ

審査　審査トハ登記スヘキ項目ヲ取調フルヲ云フ

（手續）登記手續ノ順序ハ左ノ如シ

一名刺ヲ受付帳ニ登録ス（令第七條）

二見出帳ヲ捜査ス

三印鑑ヲ照査ス（令第八條ノ二項）

四代理証書等ヲ調査ス（令第二十八條）

五地劵鑑札及證明書等ヲ撿査ス（令第九條）

六所管ノ公簿ヲ捜査ス（令第九條）

七契約証書又ハ命令書等ヲ撿査ス（法第十四條以下）

八登記料ヲ徵收ス（令第三十八條）

九登記ヲ為ス(法第八條及ヒ令第八條以下)

十登記見出帳ニ記入ス(令第三十四條)

十一証書等ニ登記番號ヲ記入捺印シテ返付ス(令第二十五條)

十二圖面アレハ登記番號ヲ記入撿印シテ編冊ス(令第二十四條)

十三受付帳ニ登記濟等ノ旨ヲ記入ス

十四証明書印鑑等ヲ相當簿冊ニ編入ス(令第三十條)

(問答)○○○○登記ノ拒絶　如何ナル場合ニ於テ登記ヲ拒ムヘキ乎左ニ記載シタルノ場合ノ類ナリ

一登記所ノ管轄地外ニ在ル物件ニ係ルトキ(法第一條)

二物件ニ關係ナキ者ヨリ登記ヲ請フトキ(法第十四條以下)

三証書其他登記法ニ於テ呈示ヲ要スル書類ヲ示サヽルトキ(法第十四條以下及四十條幷ニ規第四條)

四登記料ヲ納メサルトキ（規第三十八條）
五評價費用ヲ納メサルトキ（規第三十九條第四十一條）
六代理証書ナキトキ（規第二條）
七印鑑ノ符合セサルトキ（規第八條）
八圖面ヲ差出サヽルトキ（規第五條六條）
九登記スヘキ項目ヲ明示セサルトキ（法第八條）
十假處分ニ依リ賣買書入等ヲ禁止スル旨ノ記入アルトキ（法第八條）
○公証猶豫○○○
従前ノ公証猶豫願ノ法ハ消滅シタルカ果シテ然ラハ登記ノ猶豫ヲ請フニハ如何ノ手續ヲ爲スヘキカ○公証猶豫願ノ手續ハ消滅シタリ故ニ登記ノ猶豫ヲ請フトキハ財産假差押ノ手續ヲ爲スヘキモノトス（明治十九年司法省告示第七號參照）

○署名○　署名ハ治安判事又ハ郡長戸長ノ署名ナルヤ○然リ然レ圧規第四十九條ノ場合ニ限リ書記又ハ筆生書役等實際登記ヲ取扱フタル者ノ官氏名ヲ署スヘシ且此場合ニハ代理ノ肩書ヲ爲サス

○自署○　署名ハ判事又ハ郡長戸長ノ自署スルヲ要スルカ○書記筆生等ニテ判事郡長戸長ノ官氏名ヲ代書シ捺印ヲ受クルモ妨ケナシ

○判事補○　治安裁判所中判事アラサル場所ハ判事補署名捺印ヲ爲スハ勿論ナルヤ○然リ

○代理○　判事不參ノ時ハ何人ノ名ヲ署スルヤ○判事代理書記何某ト署名ス郡長戸長不參ノ時亦之ニ準ス

○代理ノ順序○　判事ノ代理ハ其次席ノ判事試補又ハ書記順ヲ追

テ之ヲ爲スヘキカ又ハ登記擔任ノ書記直ニ代理ヲ爲スヘキカ
○登記所ハ判事ト書記トニテ搆成スルモノナレハ主務ノ書記直チニ代理ヲ爲スヘシ但判事ノ不參一時ノ事ニ非ルカ爲メ代理者ノ定マリタル時ハ其代理者ハ登記事務ニ付テモ亦治安判事ヲ代理スヘシ
捺印　登記官ノ捺印ハ官印ナルヤ○小印（撿印又ハ認印トモ云フ）ナリ
○○○○○○○
本人ノ署名捺印　規第二十三條參照

第九條　地所建物船舶ニ關スル差押假差押差押差留假差留假處分及ヒ地所建物ノ收益差押ニ付テハ裁判所ノ命令書ニ依リ登記簿ニ其記入ヲ爲スヘシ
前項ノ記入ハ裁判所ノ命令アルトキニ非サレハ之

ヲ取消スコトヲ得ス

(解)差押　差押トハ人權上ノ訴訟ノ裁判執行ニ由リ義務者ノ財產ヲ糶賣スル爲メ之ヲ差押ヘ且ツ其差押ヘタル物件ニ對シテ抵當權ヲ獲得スル方法ナリ

假差押　假差押ハ人權上ノ訴訟ノ起訴前又ハ訴訟中義務者カ財產ヲ脫漏スル等ノ所爲ヲ防ク爲メ假ニ差押ヘ置ク方法ナリ」

差留　差留ハ權利者(甲)カ己レノ義務者(乙)ニ對シ更ニ義務ヲ負フ者(丙)ヨリ義務者(乙)ニ返濟ヲ爲スコトヲ差留メ之ヲ己レ(甲)ニ拂入レシムル手段ニテ是亦裁判執行ノ一方法ナリ

假差留　假差留ハ假差押ト同シク起訴前又ハ訴訟中假ニ拂渡ヲ差留メ置ク方法ナリ

假處分　假處分ハ物權上ノ訴訟中其爭ニ係ル物件ヲ假ニ處分

シ置ク方法ニシテ登記簿ニ記入ヲ為スハ地所等ノ賣買讓與若クハ書入質入ヲ禁止シタル場合ニ在ルモノナリ

收。益。差。押。　收益差押ハ地所ヨリ收獲シ若クハ收獲スヘキ果實又ハ地所家屋ノ貸賃等義務者ノ收入スヘキモノヲ差押ヘ之ヲ權利者ニ收ムルノ方法ナリ

記。入。　本條ノ事柄ハ抵當權ヲ獲得シ或ハ賣買抵當ヲ禁止スルノ方法ナレハ登記簿ニ記入シ置クニ非サレハ其目的ヲ達シ難シ故ニ賣買讓與質入書入ニ非サレ𪜈特ニ本法ニ於テ記入ノ法ヲ設ケタリ因テ登記ト區別スル為メ之ヲ記入ト稱スルナリ

〔問答〕效。力。　法第六條ニ於テハ記入ヲ為サヽレハ第三者ニ對シ無效ナル旨ノ明文ナシ故ニ記入ヲ為サヽルモ第三者ニ對シ差押等ノ效アルカ〇賣買等ハ契約其他ノ方法ニ依テ成立ツモノナ

リ故ニ登記セサルモ相對間ニハ已ニ其効アリ然ルニ其効ヲ第三者ニ及スヿヲ得セシメサルニ付キ特ニ此事ニ關シテ第六條ニ明文アリト雖モ差押等ハ記入ニ因テ始メテ成立ツモノナリ故ニ記入セサレハ相對間ニモ已ニ効力ナシ況ヤ第三者ニ對シテ無効ナルハ論ヲ俟タサルナリ

船舶ノ收益差押　本條ニ此事ヲ揭ケサルハ如何○訴訟手續ニ於テ收益差押ハ不動産ニ限レリ船舶ハ不動産ニアラス故ニ收益差押ヲ爲スヿヲ得サルナリ

〔記入ノ例〕

名稱金額	執行上抵當ノ事由
差押金何圓	明治何年何月何日付某裁判所ノ下シタル差押命令書ニ依リ何某ノ爲メニ記入ス（何某トハ差押記入請求者ヲ云フ） 治安裁判所判事何某㊞

名稱金額	執行上抵當ノ事由
差留金何圓	明治何年何月何日付ヲ以テ何某ノ有スル書入權ニ對シ某裁判所ノ下シタル差留命令書ニ依リ何某ノ爲ニ記入ス 治安裁判所判事何某㊞

名稱金額	執行上抵當ノ事由
假處分 金何圓	明治何年何月何日付某裁判所ノ下シタル命令書ニ依リ何某ノ爲ニ本號何番地ノ地所ノ賣買讓與質入書入ノ禁止ヲ記入ス 治安裁判所判事何某㊞

名稱金額	執行上抵當ノ事由
收益差押 金何圓	明治何年何月何日付ヲ以本號ノ内何番地ノ田何畝歩ノ收穫ニ對シ某裁判所ノ下シタル收益差押命令書ニ依リ何某ノ爲ニ差押ヲ記入ス 治安裁判所判事何某㊞

（取消ノ例）

取	消
明治何年何月何日付某裁判所ノ下シタル記入取消命令書ニ依リ取消ス 明治何年何月何日 治安裁判所判事何某㊞	

第十條　登記ハ第十五條第二項及ヒ第十六條第十七條第十八條ヲ除クノ外契約者双方ノ請求若クハ裁判所ノ命令アルトキニ非サレハ之ヲ爲シ又ハ變更

シ又ハ取消スヿヲ得ス

〔參照〕法第十二條ノ二項死亡、失踪者、離緣戶主ノ遺留財產相續ノ塲合○法第十六條公賣處分ノ塲合○法第十七條官有物拂下ノ塲合○法第十八條民有ノ地所ヲ官有ト爲シタル塲合

〔解〕第十五條云々　此塲合ニハ双方ノ請求若クハ裁判所ノ命令アルヲ要セス一方ノ請求ノミヲ以テ足レリトス

裁判所ノ命令云々　裁判所ニ於テ登記ヲ爲スヘキ命令ヲ爲シタル塲合ナリ

變更　期限又ハ利息ヲ改メ其他權利ヲ讓渡シ船舶ノ定繫所ヲ更改スル等ノ塲合ヲ云フ

取消　登記ヲ取消スヿヲ云フ但賣買等ノ登記ヲ取消シ既往ニ溯リ登記以前ノ景狀ニ復スル塲合ハ勿論返金濟ノ故ヲ以テ書

入ノ登記ヲ取消シ將來ニ向テ其登記ヲ存セシメサルヿモ亦此內ニ包含ス

（例）甲者乙者ヨリ地所ヲ買取リタリ甲者其登記ヲ請ハント欲スルモ乙者之ニ應セス因テ本法第十四條ノ手續ヲ爲スヿ能ハス爰ニ於テ裁判所ニ訴ヘ登記ヲ爲スヘキノ言渡ヲ得タルトキハ甲者ハ裁判所ノ命令書ヲ持參シ一名ニテ賣買ノ登記ヲ請フヿヲ得ヘシ

（登記例）賣買等ノ例ハ以下條ヲ逐テ掲載スルヲ以テ本條ニハ賣買取消ノ一例ヲ掲ク

（說明）設令ハ甲者ヨリ乙者ヘ賣買シタル地所ニ付キ裁判所ノ命令書ニ依リ其賣買ノ登記ヲ取消シタル場合ニ於テハ乙者ノ登記ヲ爲シタル區內ノ取消欄內ニ左記第一例ノ如ク登記シ而ノ第二例ノ如ク乙者ノ氏名ヲ朱抹シ且ツ第三例ノ如ク甲者カ

所有ヲ回復セシ旨ヲ登記スルモノトス

〔第一例〕

取消
甲某ヨリ乙某ニ對スル何々ノ訴訟ニ付明治何年何月何日付某裁判所ノ下シタル登記取消命令書ニ依リ取消ス 明治何年何月何日 治安裁判所判事何某㊞ 甲某㊞

〔第二例〕

順番	所有者
第貳番	何國何郡何村何番地 朱　乙某㊞

〔以下登記事由等ハ畧ス〕

〔第三例〕

順番	所有者	登記ノ事由	價格	登記日付	權利移付者
第參番	何國何郡何村何番地 甲　某㊞	甲某ヨリ乙某ニ對スル何々ノ訴訟ニ付明治何年何月何日付某裁判所ノ下シタル登記取消命令書ニ依リ本號第壹番ニ記載スル所有者ノ登記ヲ回復セリ 治安裁判所判事何某㊞		明治何年何月何日	

〔附言〕第二例ノ朱抹ヲ施スノ例ハ所有者カ權利移付者ト爲リ其他所有者ノ名義ヲ失フタル片ハ何レノ塲合ニ於テモ之ヲ施スヘキモノトス

第三例ノ×線ハ登記簿ノ相當欄内中記載スヘキ事柄ナキ片ハ是亦何レノ塲合ニ於テモ之ヲ施スヘキモノトス但取消ハ現在ノ所有者ニ限ラス己ニ朱抹ヲ施シタル所有者ニ對シテモ之ヲ爲ス塲合アレハ取消欄内ニハ決シテ×線ヲ施スヘカラサルモノトス

第十一條　登記ノ謄本、又ハ抜書、又ハ一覽ヲ要スル者ハ其登記所ニ出頭シテ之ヲ請求スルヿヲ得

〔參照〕規第三十二條　謄本ハ登記簿一用紙ノ全部ヲ遺漏ナク謄寫シテ之ヲ作ル可シ

抜書ハ請求アル部分ノミ登記簿ヨリ摘寫シテ之ヲ作ル可シ

〔手續〕謄本若クハ抜書又ハ一覽ヲ請フ者ハ令第一條ノ手續ヲ爲スヘク登記所ニ於テハ規第三十一條第三十二條第三十六條ニ依リ之ヲ處分スヘキモノトス

謄本抜書又ハ一覽ヲ請フ者ハ法第三十條ニ從ヒ手數料ヲ納メサルヘカラス

〔問答〕謄本等ノ請求　謄本抜書又ハ一覽ハ登記アル物件ニ關係ナキ者ト雖モ之ヲ請求スルコトヲ得ルヤ○手數料ヲ納ムルトキハ何人ニテモ之ヲ請求スルコトヲ得殊ニ一覽ノ如キハ登記ヲ請タルヨリ以外ノ者ニ於テ却テ一覽ノ必要アルモノナリ

代人　令第二條ニ於テハ代人ヲ以テ登記ヲ請フトキトアリ本條ノ場合ニモ代人ヲ用フルヲ得ルヤ○代人ヲ用フルヲ得

第十二條　登記官吏ノ職務執行上ニ關シ不服アルモノハ管轄始審裁判所ニ抗告スルコヲ得

〔參照〕　明治十九年司法省令甲第三號抗告手續

第十三條　登記ニ關スル取扱ノ手續及ヒ登記簿ノ書式ハ司法大臣之ヲ定ム

〔參照〕　明治十九年司法省令甲第五號登記請求手續〇同年司法省訓令第三十二號登記法取扱規則〇同年司法省訓令第三十三號登記簿等ノ程式

第二章　賣買讓與

第十四條　地所建物船舶ノ賣買讓與ニ付キ登記ヲ請フトキハ契約者双方出頭シ其証書ヲ示ス可シ

前項ノ場合ニ於テ其物件質入書入中ニ係ルトキハ

買受人讓受人ニ於テ之ヲ了知セル旨ヲ申出其記入ヲ請フ可シ

〔解〕讓與　本條ニ於テハ讓與ノ文字中ニ相續ヲ包含セス蓋相續ノ場合ハ第十五條ニ之ヲ定ムレハナリ

証書ヲ示ス　賣買證書ヲ登記官ニ示スノミ寫ヲ差出スニ及ハス

物件　地所建物船舶ヲ云フ

了知セル旨ヲ申出　了知セル旨ヲ申出トハ二番以後ノ書入質入タルヿヲ知リツヽ買受又ハ讓受ル旨ヲ申出ルヿナリ但別ニ其旨ノ証書ヲ差出スニ及ハス

記入　記入トハ登記事由ノ欄內ニ了知ノ旨ヲ付記スルヲ云フ

〔手續〕証書　証書ニハ規第二十五條ニ依リ登記物件ノ番號ヲ記載

シ且ツ認印シテ本人ニ還付ス

登記。。　登記ノ手續ハ法第八條ニ示シタリ

（問答）交換分派。。。。　交換若クハ共有物ヲ分派シタル時ノ請求手續モ亦本條ニ依ルカ〇然リ

双方本人。。。。　双方ノ者ハ代人ヲ差出スコヲ得ルヤ〇然リ

質取主。。。　賣買讓與ニ付テ質取主質入取主ノ承諾ハ之ヲ要セサルヤ〇然リ

証書。。　証書ハ公証人ノ記シタルモノタルヲ要セサルヤ〇然リ

公証人規則ト本法トハ全ク關係ナキモノナリ

（登記例）賣買ノ例

順番	所有者	登記ノ事由	價格	登記日付	權利移付者
第何番	何國何郡何村何番地 乙　某㊞	明治何年何月何日付ノ賣買證書ニ依リ登記ス 治安裁判所判事何某㊞	賣買代價 金何圓	明治何年何月何日	何國何郡何村何番地 甲　某㊞

讓與附書入ニ係ル時ノ例

順番	所有者	登記ノ事由	價格	登記日付	權利移付者
第何番	何國何郡何村何番地 丙 某㊞	明治何年何月何日付ノ讓與証書ニ依リ登記ス但讓受人ニ於テ此地所書入ニ係ル事ヲ了知ス 治安裁判所判事何某㊞	評價格（評價シタル例） 金何圓	明治何年何月何日	何國何郡何村何番地 乙 某㊞

取消ノ例

取 消
乙某ヨリ丙某ニ對スル何々ノ訴訟ニ付明治何年何月何日付某裁判所ノ下シタル登記取消命令書ニ依リ取消ス 明治何年何月何日 治安裁判所判事何某㊞

第十五條　家督相續ニ因リ地所建物船舶ノ登記ヲ請フトキハ双方出頭シ其証書ヲ示スヘシ

死亡者失踪者若クハ離縁戸主ノ遺留シタル地所建

物船舶ヲ相續スル者登記ヲ請フトキハ親屬、又親屬ナキトキハ近隣、ノ戸主二名以上連署ノ書面ヲ差出シ且ツ証明、書類、アルモノハ之ヲ示ス可シ

〔解〕親屬　祖父母、父母、子孫、夫婦、兄弟、姉妹、伯叔父母、甥姪、婿、娶、姪ノ婦、從弟、再從弟、從弟ノ子等續柄ノ名稱アルモノハ皆ナ親屬ナリ刑法第百四十條ニ定ムルモノト同シカラス

近隣　相續ヲ爲シタル者ノ本籍又ハ住所ノ近隣戸主ヲ云フ地所ノ隣地ヲ所有スル者ノ謂ニアラス

証明書類　相續シタルコヲ証明スヘキ一切ノ証書ヲ云フ

〔手續〕本條第二項ノ場合ニ於テハ離縁戸主ノ立會ハ勿論其承諾ノ証アルヲ要セス〔法第十條〕

〔問答〕証書　証書ニハ物件ノ明記アルヲ要スルヤ○物件ヲ讓與シ

タルヿヲ知リ得ヘキニ於テハ各物件ノ明記アルヲ要セス例之ハ不動産悉皆讓與ストアル卄ハ地所建物ヲ讓與シタルニ疑アラサルヘシ然レ𪜈船舶ハ不動産ニアラサレハ此証書ニテハ船舶ノ讓與ノヿハ登記スルヲ得サルナリ

○親屬連署○ 親屬ハ悉皆連署スルヲ要スルカ○事故アリテ連署シ能ハサル者ノ外親屬ニシテ戸主タル者ハ皆連署スルヲ要ス」

○連署アラサル卄○ 親屬近隣ノ者一同連署ヲ拒ム卄ハ登記スルヲ得サルヤ○一同連署ヲ拒ム卄ハ勿論一二ノ者之ヲ拒ム卄モ亦登記スルヿヲ得ス

○親屬ナキ時○ 親屬外國等ニ在リテ急ニ連署ヲ求メ難キ卄ハ親屬ナキ時ト同視スヘキヤ○然リ

○連署ノ遺脱○ 親屬中連署セサリシ者アルヿヲ登記ノ後發見シタ

ルトハ登記ヲ取消ス可キヤ○登記ヲ爲タル後ハ如何ナル事由アルモ法第十條ニ定メタル所ニ從フニ非レハ決メ取消スヿヲ得ス

（登記例）　失踪（死亡、戸主離縁ノ場合モ亦之ニ準ス）

登記ノ事由
乙某失踪ノ爲メ遺産相續ノ旨ヲ記載セル明治何年何月何日付親屬連署ノ登記願書ニ依リ登記ス 治安裁判所判事何某㊞

第十六條　行政官廳ノ公賣處分ニ因リ地所建物船舶ノ所有權ヲ得タルモノ登記ヲ請フトキハ落札、達書、

及其代金完納ノ証書ヲ示ス可シ

〔解〕落札達書及其代金完納ノ証　達書ト完納ノ証書ト双方共之ヲ呈示スヘキヲ云フ

〔手續〕本條ノ塲合ニ於テハ落札人一方ノ請求ヲ以テ足レリトス〔法第十條〕

〔問答〕代金完納ノ証書　本條ノ塲合ニ限リ特ニ此證書ヲ要スルハ如何ナル理由ナルヤ○公賣ニ付テハ落札ノ達アルモ代金完納セサルヰハ必ス落札ヲ取消シ二番札ノ者ニ落札セシメ又ハ更ニ公賣ヲ爲サヽルヲ得ス故ニ代金完納以前ニ登記ヲ爲シ落札人ヨリ更ニ賣買質入等ヲ爲スヲ得セシムルヰハ他人ニ損失ヲ及ホスヿ其例尠シトセス是本條ノ塲合ニ限リ特ニ此証書ノ呈示ヲ要スル所以ナルヘシ

（登記例）

順番	所有者	登記ノ事由	價格	登記日付	權利移付者
第何番	何國何郡何村何番地 （落札人） 何　某㊞	明治何年何月何日付某郡役所ノ公賣處分落札達書及明治何年何月何日付公賣代金受領証書ニ依リ登記ス 治安裁判所判事何某㊞	落札代金 金何圓	明治何年何月何日	何國何郡何村何番地 何　某 （登記官ニ於テ記載スルモノトス）

第十七條　官有ノ地所建物船舶ノ拂下又ハ無代價下渡ヲ受ケ登記ヲ請フトキハ其ノ指令ハ本書若クハ達書ヲ示ス可シ

〔解〕指令ノ本書若クハ達書　指令又ハ達書ノ内一方ヲ呈示スヘキヲ云フ

〔問答〕代金完納ノ證書　本條ノ場合ニ於テハ此証書ノ呈示ヲ必要トセサルヤ○然リ拂下ノ場合ニハ數年間代金上納ヲ猶豫セラルヽコナキニアラス故ニ之ヲ呈示シ能ハサルコアリ

代金完納前　代金完納証書ノ呈示ヲ要セストセハ代金完納以前ト雖ヒ登記ヲ請フコヲ得ルヤ○然リ但拂下規則ニ於テ之ヲ禁スルノ法アルニ於テハ格別ナリ（明治九年内務省乙第三十四號達參照）

（登記例）無代價下渡

登記ノ事由
明治何年何月何日付某縣廳ノ無代價下渡指令書ニ依リ登記ス 治安裁判所判事何某㊞

第十八條　民有ノ地所建物船舶ヲ官有ト爲シタルトキハ其官廳ハ第七條ノ概目ヲ示シテ登記ヲ求ム可シ

(問答)照會 本條ノ場合ニハ照會書ヲ以テ登記ヲ求ムルヲ得ルヤ
○然リ
官廳 官廳ヨリ公立學校等ノ登記ヲ求ムルコモ本條ニ依ルヲ得ルヤ○官有物ノ登記ニ限ルモノトス蓋本條ハ例外ノ規則ナレハ明文外ニ及ホスヿヲ得ス
証明書 本條ノ場合ニハ法第四十條ノ證明書ヲ要セサルカ○
然リ

（登記例）買上

登記ノ事由
買上ノ旨ヲ示シタル明治何年何月何日付某縣ノ登記請求書ニ依リ登記ス 治安裁判所判事何某㊞

第十九條　裁判執行上ノ糶賣若クハ入札ニ因リ地所建物船舶ノ所有權ヲ得タル者アルトキハ裁判所ノ命令ニ依リ其登記ヲ爲ス可シ

（問答）命令。法第九條ノ第一項ニハ命令書トアリ同條ノ第二項及ヒ本條ニハ命令トアリ直接ト間接トノ區別アルカ如シ如何○法第九條第一項ノ場合ニハ必ス命令書アルモ其他ノ場合ニハ別段ノ命令書ヲ要セサルコナキニ非ラス故ニ命令トノミ記載セルモノナランカ且令第七條ニ依レハ其區別ナキコヲ知ラルヘシ

（登記例）裁判執行

登記ノ事由
裁判執行上ノ入札拂ニ付キ何某ヘ落札セシヲ以テ明治何年何月何日某裁判所ノ下シタル登記命令書ニ依リ登記ス 治安裁判所判事何某㊞

第二十條　地所船舶賣買讓與ノ登記ヲ受ケ地券鑑札ノ下付若クハ書換ヲ請ハントスル者ハ登記所ヨリ登記濟ノ証ヲ受ク可シ

（解）登記濟ノ証　此証ヲ差出スニ非サレハ行政官ニ於テ地券鑑札ノ下付若クハ書換ヲ爲サヽルモノトス

建物　建物ノ文字ナキハ建物ニ付テハ地券鑑札等ノ如キモノ非ラサレハナリ

（手續）令第九條參照

（注意）登記濟ノ証ハ請求アルニ非サレハ之ヲ下付セス故ニ賣買讓與ノ塲合ニ於テハ登記ヲ請ヲタル件同時ニ此證ヲ請フヲ便利ナリトス

（問答）手數料　登記濟ノ証ヲ下付スルニハ別ニ手數料ヲ徵セサル

カ○然リ
証書ノ下付　地劵鑑札ノ下付又ハ書換ヲ請フノ用ニ供スル爲メニアラサレハ登記濟ノ証ヲ受クルヲ得サルヤ○然リ若シ他ノ用ニ供スル爲メナラハ法第十一條ニ從ヒ謄本又ハ拔書ヲ請フヘキモノトス

第三章　質入書

第二十一條　地所建物船舶ノ質入書入ニ付キ登記ヲ請フトキハ契約者双方出頭シ其証書ヲ示ス可シ貸借ノ爲メニアラスシテ義務ヲ果スヘキ保証ノ爲メ地所建物船舶ヲ質入書入ト爲シ其登記ヲ請フ者モ亦前項ノ規定ニ依ル可シ

〔解〕第一項ハ通常ノ金錢貸借ノ塲合ヲ云フ第二項ハ左ノ例ニ依リ

テ了解スヘシ

（例）甲者アリ乙會社ノ金錢取扱方ニ雇ハレタリ因テ身元保證トシテ地所ヲ書入トナシタリ

丙者アリ丁者ノ爲メニ建築ヲ請負ヒ建築代金千圓ノ前拂ヲ受ケタリ因テ其建築ノ義務ヲ果ス爲メ地所ヲ書入ト爲セリ

（登記例）他人ノ地所ヲ借受身元保證ト爲シタル例

順番	名稱金額	利息	期限
第何番	書入 金何圓（法第二十八條參照）	（身元保證ノ書入ナル故此欄ヲ消シタルナリ）	（期限ノ確定セサルニ付キ此欄ヲ消シタルナリ）

抵當ノ事由	甲某ニ於テ乙會社ノ金錢取扱方ニ雇ハレ中身元保証ノ爲メ本號何番地ノ田何反何畝歩ヲ丙某ヨリ借受ケ甲者ニ書入ト爲シタリ但此書入ハ甲某ノ被雇中之ヲ繼續スルノ約定ナリ 右明治何年何月何日付ノ書入證書ニ依リ登記ス 治安裁判所判事何某㊞
登記日付	明治何年何月何日
債主	乙會社長　何　某㊞
負債者	何國何郡何村何番地　甲　某㊞ 何國何郡何村何番地 抵當貸渡人　丙　某㊞

第二十二條　書入ノ地所建物船舶ヲ重子テ書入ト爲ストキハ第二債主ニ於テ之ヲ了知セル旨ヲ申出其記入ヲ請フ可シ書入ト爲リタル地所ヲ質入ト爲シ又ハ質入ト爲リタル地所ヲ書入ト爲ストキ亦同シ

（解）重子テ　二番以後ノ書入質入ヲ爲スヿナリ

第二債主　二番以後ノ書入質入ヲ取ル貸主ナリ

了知　二番以後ノ書入質入タルヿヲ承知ノ上登記ヲ求ムル旨ヲ申出ルヲ云フ但別ニ證書ヲ差出スニ及ハス

記入　抵當事由欄內ニ申出ノ旨ヲ記入スルヲ云フ

本條ニ掲ケタル場合

一書入ノ物件ヲ重テ書入ト爲ス

二書入ノ地所ヲ重テ質入ト爲ス

三質入ノ地所ヲ重テ書入ト爲ス

建物及ヒ船舶ニ付テハ質入ノ法ナシ故ニ本條ニ記載セサルナリ又質入ハ地所ヲ債主ニ渡シ置クモノナレハ重テ質入ト爲スコトヲ得サルナリ

(問答)一番債主　一番債主ニハ縦令二重書入ノ期限ノ一番書入ヨリ短期ナルトキト雖モ之ヲ了知セシムルニ及ハサルヤ○然リ

(登記例)第二債主ノ了知

抵當ノ事由

明治何年何月何日付書入證書ニ依リ登記ス但債主ニ於テ本號ノ地所ト第何號何番地ノ畑何畝何歩ヲ合併シ何某ヘ質入ト爲シアルコトヲ了知ス

治安裁判所判事何某㊞

第二十三條　質入書入契約ノ全部若クハ一部ノ解除又ハ變更ニ付キ登記ヲ請フトキハ契約者双方出頭シ其証書ヲ示ス可シ

(解)解除　質入書入契約ヲ解キ抵當ヲ釋放スルヲ云フ

變更　期限利息其他原契約中ノ事柄ヲ改ムルヿナ云フ

(例)一返濟ヲ了リタル時ハ全部ノ解除ナリ

二返濟ヲ了ラサルモ抵當ヲ解放シ無抵當ノ貸借ト爲シタルトキモ亦全部ノ解除ナリ

三內金ヲ拂入レタル等ニ由リ抵當ヲ減シタルトキハ一部ノ解除ナリ

四增抵當ヲ入レタルトキハ變更ナリ

五抵當權ヲ他人ヘ讓渡シタルトキモ亦變更ナリ

六利息ヲ元金ニ加ヘ又ハ元金ノ内拂ヲ爲シタルトキモ亦變更ナリ

其他枚擧ニ遑アラス宜ク類推シテ之ヲ解スヘシ

〔手續〕全部ノ解除ハ登記簿ノ乙區中取消欄内ニ登記スヘク一部ノ解除ハ變更欄内登記ノ部ニ登記スベキモノトス

變更ハ乙區中變更欄内登記ノ部ニ登記シ其變更ヲ取消シ原契約ニ復シタルトキハ變更欄内取消ノ部ニ其取消ヲ登記シ變更ノ後契約ノ全部ヲ解除シタルトキハ取消ノ欄内ニ登記スヘキモノトス

（登記例）權利ノ讓渡（變更）

明治何年何月何日付ノ約定証書ヲ以テ書入權ヲ某ヘ

變更登記

讓渡シタリ
右約定証書ニ依リ登記ス
明治何年何月何日

治安裁判所判事何某㊞

（權利讓渡人）何　某㊞
（負債者）何　某㊞
何國何郡何村何番地
（權利讓受人）何　某㊞

變		
登	記	取
双方協議ノ上質入期限ヲ明治何年何月何日迄延期セリ 右明治何年何月何日付ノ約定証書ニ依リ登記ス 明治何年何月何日 治安裁判所判事何某㊞ 何某㊞ 何某㊞		明治何年何月何日付ノ約定証書ヲ以テ前記期限變更ノ約定ヲ取消シタリ

更

消

明治何年何月何日

治安裁判所判事何某㊞

何　某㊞

何　某㊞

返金（解除）

取　消

明治何年何月何日付ノ返濟証書ニ依リ取消ス

明治何年何月何日

治安裁判所判事何某㊞

何　某㊞

何　某㊞

抵當引取(解除)

取	消

明治何年何月何日付ノ約定証書ヲ以テ何某方ヘ抵當物ヲ引取リ濟方相成リタリ

明治何年何月何日

治安裁判所判事何某㊞

何　某㊞

何　某㊞

第二十四條　同一ノ地所建物船舶ニ付數個ノ登記ヲ爲スキハ其登記ヲ請フ日時ノ前後ニ因リ登記ノ順

序ヲ定ムルモノトス

〔解〕數個ノ登記　二重三重ノ書入質入ヲ爲ス場合ヲ云フ

日時ノ前後　契約證書ノ日付ニ拘ラス早ク登記ヲ請フモノハ登記ノ順番ニ於テ上位ヲ占メ從テ優等ノ權利ヲ得可キヲ云フ

〔例〕同一ノ地所ニ對シ甲者ハ一月十日ニ之ヲ抵當ニ取リ乙者ハ一月二十日ニ之ヲ抵當ニ取リタリ、然ルニ乙者ハ二月一日ノ午前ニ登記ヲ請ヒ甲者ハ同日ノ午後ニ登記ヲ請フタル片ハ乙者ヲ一番ニ登記シ甲者ヲ二番ニ登記ス即チ甲者ノ權ハ乙者ニ劣ルモノトナルナリ

〔注意〕本條ノ規則ハ左ノ場合ニモ亦適用スヘシ

一　數個ノ差押等ノ記入ヲ請フ片

二　賣買讓與ト抵當トノ登記ヲ請フ片

三差押等ト抵當トノ登記及ヒ記入ヲ請フトキ

四差押等ト賣買讓與トノ記入及登記ヲ請フトキ

五數個ノ賣買讓與ノ登記ヲ請フトキ但此場合ニハ最初ノ一個ヲ登記スレハ他ハ登記スルヿヲ得ス

前數個ノ場合ニ於テハ登記簿ノ同區內ニ於テハ順番ニ依リテ順序ヲ知リ得ヘキモ一ハ乙區ニ登記シ一ハ丙區ニ登記スルカ如キ場合ニ於テハ受付番號ノ外順序ヲ見ルヘキモノナシ故ニ同日ノ登記アルトキハ勉テ登記事由中ニ順序ヲ明記スルヲ要ス

〔問答〕同時　同時ニ數個ノ登記ヲ請フタルトキハ如何スヘキヤ○同時ニ請求セシ旨ヲ明記シ登記ヲ爲スヘシ然ルトキハ同等ノ權利ヲ有スルモノナリ(獨逸土地登記條例參照)但登記簿ニハ第一番第二番ノ順アレ𪜈此順番ハ概シテ權利ノ優劣ヲ定ムルノ効ナ

キモノトス規第二十條ニ至リテ其然ル所以ヲ知ルヘシ(同上注意ノ部參照)

二番書入　證書面ニ二番書入ノ明文アル證書ノ登記ヲ一番書入ノ証書ヨリ先キニ請ヒタル片ハ如何登記スヘキヤ○契約上ノ順番ニ拘ラス第一番ノ欄ニ之ヲ登記スヘシ但二番書入ノ約ナルヿヲ登記事由中ニ記入スルヲ可トス

第四章　登記料及手數料

第二十五條　地所建物船舶賣買ノ登記ニ付テハ其買受人ハ左ノ賣買代價ノ區別ニ従ヒ毎一件ニ其登記料ヲ納ム可シ

賣買代價	登記料
五圓未滿	五錢

五圓以上十圓未滿	拾錢
十圓以上貳十五圓未滿	貳拾五錢
二十五圓以上五十圓未滿	五十錢
五十圓以上百圓未滿	壹圓
百圓以上貳百圓未滿	二圓
二百圓以上三百圓未滿	三圓
三百圓以上四百圓未滿	四圓
四百圓以上五百圓未滿	五圓
五百圓以上七百五十圓未滿	六圓
七百五十圓以上千圓未滿	七圓
千圓以上千五百圓未滿	八圓
千五百圓以上貳千圓未滿	九圓

貳千圓以上五千圓未滿　十圓
五千圓以上壹萬圓マテ　拾貳圓

以上五千圓マテ毎ニ貳圓ヲ増加ス

（解）買受人　登記料ハ買受人ヨリ納ムヘキヲ云フ

賣買代價ノ區別　例ハ四圓ノ代價ナルトキハ五錢ノ登記料ヲ納メ五圓ノ代價ナレハ拾錢ヲ納ムヘキヲ云フ

毎一件　一件トハ一個ノ賣買ヲ云フ故ニ賣主買主共同一ノ者ニシテ且一纏ニ賣買シタルトキハ數筆ノ地所ハ勿論地所ト建物トヲ併セテ賣買スルモ之ヲ一件トシ其代價ノ合計高ニ從ヒ登記料ヲ納ムヘキナリ

五千圓マテ毎ニ　壹萬圓ヨリ一厘一毛ニテモ超ルトキハ夫レヨリ壹萬五千圓マテノ内ニアル代價ナレハ登記料拾四圓ヲ納ム

ヘキヲ云フ以上之ニ準スヘシ

〔例〕甲者乙者ヨリ地所建物船舶ヲ一纏ニシテ賣買セリ此場合ニ於テハ登記簿ニハ數冊ニ登記スレ𪜈其賣買ハ一件ナリ

甲者乙者ヨリ壹棟ノ建物ノ内半棟ヲ分テ買取リ其翌日又其半棟ヲ買取リタリ而テ之ヲ同時ニ登記ヲ請フ場合ニ於テハ登記簿ニハ合併シテ記載スルモ妨ケナシト雖𪜈其賣買ハ二件ナリ」

甲者乙丙丁三人ノ共有スル船舶三艘ヲ買取リタル𪜈ハ賣主ハ數人ナレ𪜈共有ナルヲ以テ一件ノ賣買ナリ若シ此船舶カ一艘ツヽ甲乙丙ニ分屬スル𪜈ハ買取主ハ一人ニシテ且合併シテ代價ヲ定ムルモ三件ノ賣買ナリ此場合ニハ必ス甲乙丙カ銘々ニ受取ルヘキ代金ヲ分テ屆出シメ之ニ依リテ登記料ヲ徵スヘキナリ

〔問答〕共。有。物。　甲乙丙ノ三人會社ヲ結ヒ其資本トシテ甲ハ地所乙ハ船舶丙ハ建物ヲ差出シ之ヲ賣拂ヒ其代金ヲ以テ會社ノ資本ニ供セントス此物件ヲ丁者ニ同時ニ合併代價ニテ買取リタル件ハ如何○資本トシテ差出シタル上ハ共有物トナルヲ以テ一件ノ賣買ナリ

數。種。ノ。物。件。　地所建物船舶ヲ合併シテ賣買シタル場合ニ於テ登記簿ノ各冊ナル爲メ代價ヲ分ツテ屆出シメタル時ハ其分割ニ拘ラス惣計代價ニ依リ登記料ヲ納ムヘキハ前ノ例ニ於テ之ヲ解セリ然レ𪜈登記簿ニハ如何記載スルヤ○代價ヲ分タシムルニ及ハス登記事由ニ合併賣買ナルヿヲ登記シ金額ノ欄ニハ代價金何圓但第何號ト合併高ト記スヘシ

數。管。內。ニ。亘。ル。モ。ノ。　甲登記所管內ト乙登記所管內ノ物件トヲ

合併シテ賣買シタルトキハ登記料ノ徴收方如何○此場合ニ於テハ双方ノ登記所ニ必ス登記ヲ請フヘキモノナレハ之ヲ二事件ト同視ス故ニ各管內ニ屬スル物件ニ對スル代價ヲ看積リテ之ヲ分割セシメ其分割額ヲ賣買代價ト看做シテ登記料ヲ納メシムヘシ

○代價未定○代價ヲ定メサル賣買ハ成立タサレハ登記スヘキ場合ナキモ追テ代價ヲ定ムヘキ方法ヲ設ケ賣買スルヿナシトセス此種ノ賣買ハ如何ニシテ登記料ヲ徴スルヤ○法第二十六條ニ準シ相當價格ヲ定メ登記料ヲ徴收スヘシ

○交換○交換ノ登記料ハ如何○此場合ニ於テモ亦相當價格ヲ定ムヘシ而メ交換セシ物件双方トモ地所建物船舶ノ內ナルトキハ双方ノ者ハ孰レモ己レノ得タル物件ノ價格ニ對スル登記料ヲ

納メサルヘカラス是二個ノ所有權ヲ登記スレハナリ
地所ト穀物ト交換シタル場合ノ如キハ代價ニ當ルモノハ穀物ナレハ穀物ノ代價ヲ以テ賣買代價ト看做スヘキヤ○賣買代價ニ依ルハ物件ノ價格カ己ニ代價ニ因テ顯ハルヽカ爲メナリ交換ノ場合ニハ物件ノ價格未タ顯ハレス故ニ直接ニ地所ニ向テ其價格ヲ定ムヘシ但穀物ノ價モ亦地所ノ價格ヲ定ムルノ參考ニハ供スヘキモノナリ

共有物ノ分派 共有物ヲ其共有者數人ニテ分配シ銘々ノ得有部分ヲ定メタル𬼀ノ登記料ハ如何○交換ノ場合ト同シ但例ハ三人ノ共有物ヲ三人ニ分チタル𬼀ハ各自カ得タル物件ノ內三分ノ一丈ケノ所有權ハ己ニ有シタル譯ナレハ殘三分二ノ價額(一人ノ得タル物件三百圓ノ價格アラハ貳百圓)ヲ以テ其物件ノ

価格トセサルヘカラス
新築新造　建物ヲ新築シ船舶ヲ新造シ若クハ海面ニ新田ヲ作リ之カ登記ヲ請フ片ハ其登記料ハ如何○此場合ハ賣買譲與ニ當然包含スヘキモノニアラス故ニ登記セサルモ第三者ニ對メ所有者タルノ効アリ然レ圧賣買譲與ニ類スルモノナレハ規第十九條ヲ以テ登記ヲ請フヿヲ許セリ因テ之カ登記ヲ請フ片ハ譲與ニ準シテ取扱フヘキモノトス
特定代價　一件ノ賣買中各物件ニ付キ別々ニ代價ヲ定メアルモ一件ノ總計代價ニ因リ登記料ヲ納ムヘキカ○然リ

第二十六條　地所建物船舶譲與ノ登記ニ付テハ其譲渡人譲受人ニ於テ時價相當ノ價格ヲ定メ前條ニ掲クル金額ノ區別ニ從ヒ毎一件ニ其譲受人ヨリ登記

料ヲ納ムヘシ

〔解〕時價相當ノ價格　時ノ相場ニ從ヒ中等ナル價格卽チ之ヲ賣買ト假定シテ雙方ノ者ニ損失ナキ價格之ヲ相當ノ價格ト云フ語ヲ換ヘテ之ヲ云ヘハ廉價ニモアラス高價ニモアラサル價格ナリ

〔手續〕價格ハ讓渡人ト讓受人トニ於テ協議ヲ以テ之ヲ定メ屆出ツヘキモノトス若シ登記官其價格ヲ廉價ニ過クルモノト思料スルトキハ法第三十二條以下ノ規則ニ從ヒ評價ヲ爲サシムヘシ

〔問答〕時價　讓與ノ時ノ相場ナルヤ將タ登記ヲ請フトキノ相場ナルヤ○登記ヲ請フ時ノ相場ナリ

一件　一件ト數件トノ區別其他登記料ヲ納ムルノ標準ハ賣買ノ例ニ準シ差支ヘナキヤ○然リ

第二十七條　地所建物船舶質入書入ノ登記ニ付テハ其質入人書入人ハ第二十五條ニ掲クル金額ノ區別ニ從ヒ毎一件ニ其登記料ノ半額ヲ納ム可シ

（解）半額　例ハ百圓ノ貸借ニ付テハ壹圓ノ登記料ヲ納ムヘキヲ云フ

（實用）質入書入ノ登記料ハ左ノ區別ニ從フ

貸借金額	登記料
拾圓未滿	五錢
拾圓以上二十五圓未滿	十二錢五厘
廿五圓以上五十圓未滿	廿五錢
五十圓以上百圓未滿	五十錢
百圓以上二百圓未滿	壹圓

金額	登記料
二百圓以上三百圓未滿	壹圓五十錢
三百圓以上四百圓未滿	貳圓
四百圓以上五百圓未滿	貳圓五十錢
五百圓以上七百五十圓未滿	三圓
七百五十圓以上千圓未滿	三圓五十錢
千圓以上千五百圓未滿	四圓
千五百圓以上貳千圓未滿	四圓五十錢
二千圓以上五千圓未滿	五圓
五千圓以上壹万圓マテ	六圓

以上五千圓マテ每ニ壹圓ヲ増加ス

（問答）金○額○　本條ニハ貸借金ニ依ルノ明文ナシ然ルニ貸借金ト解シ得ヘキ理由ハ如何○登記料ハ登記ノ爲メ受クヘキ利益ノ價

格ニ應シテ之ヲ納メシムルモノナリ然ラハ貸借ノ直接ノ利益ハ其貸借金額ナルヲ以テ之ニ依テ登記料ヲ納ムヘキハ當然ナリ

穀。物。　穀物其他物品ノ貸借ニ付テハ其物品ノ價格ニ依ルカ又ハ抵當物件ノ價格ニ依ルカ○穀物等ノ價格ニ應シテ先取權ヲ有スルモノナレハ穀物等ノ價格ニ依ルヘシ

第二十八條　第二十一條第二項ノ登記ニ付テハ價格ヲ定メ前條ノ例ニ依リ其登記料ヲ納ムヘシ

第九條第一項ノ記入ニ付テハ其價格ノ定マリタル物件ハ其價額又其價格ノ定マラサル物件ハ時價相當ノ價格ヲ定メ前條ノ例ニ依リ其登記料ヲ納ム可シ

〔參照〕　法第二十一條第二項　貸借ノ爲メニ非スシテ義務ヲ果ス

ヘキ保証ノ爲メ書入質入ヲ爲ス場合○法第九條第一項　差押差留等記入ノ場合

（解）價格○第一項ニ所謂價格トハ保證ノ價格即チ抵當權ノ價ヲ云フ故ニ第二十一條ニ揭ケタル例ニ於テ第一ノ場合ハ價格ノ定マラサルヲ以テ之ヲ定メサルヘカラス又第二ノ場合ニ於テハ價格ノ定マリタルヲ以テ更ニ之ヲ定ムルヲ要セス然リ而ノ價格ヲ定ムルニハ物件ノ價格ニ依ル可キモノニアラス登記請求者ノ隨意ニ之ヲ定メ得ヘキヿ猶ホ貸借金高ハ物件ノ價格ニ拘ラス債主負債主ノ協議ヲ以テ隨意ニ定メ得ヘキカコトシ（本條ノ價格ヲ以テ物件ノ價格ナリト解スルヲ得サルハ本條ニ時價、相當ノ文字ナキト法第三十二條ニ本條第二項ノミヲ揭ケタルヲ以テ知ラルヘシ）

前條ノ例　價格ノ額ニ從ヒ第二十五條ニ掲クル登記料ノ半額ヲ納ムルヲ云フ即チ通常質入書入ニ等シキ登記料ヲ納ムヘク且一件ニ付五錢ヨリ下スコトヲ得サルノ謂ナリ又其登記料ハ質入書入人ヨリ納ムヘキ意味ヲモ包含ス

價格ノ定マリタル物件價格ノ定マラサル物件　第二項ニ所謂價格トハ物件ノ價格ナルヿハ物件ノ文字アルニ由リ明瞭ナリ」

物件　本條ニ於テ物件ト稱スルハ地所建物船舶ニ限ラス收益差押ノ場合ニ於テハ差押ヘラルヘキ物件即チ收穫物、貸賃、小作米金ノ類ヲモ包含ス

（問答）價格ノ定マリタル物件　物件ノ價格ノ定マリタルトハ其以前ニ賣買等アリシカ為メ價格ヲ知リ得ヘキノ謂乎〇否物件ノ價格ハ不斷昇降スルモノナレハ縱令大差アラサルモ昨日ノ賣

價ヲ以テ今日ノ物件ノ確定價格トスルコヲ得ス故ニ本條ニ於テ價格ノ定マリタルト稱スルハ左ノ塲合ニアリトス
一差留假差留　此塲合ニ於テハ差留ヲ受クル物件ハ必ス金錢ナルヲ以テ其價格ハ定マリタルモノナリ
二収益差押ニ付小作金又ハ貸賃ヲ差押ヘタル塲合　此塲合ニ於テモ差押ヘタル物件ハ金錢ナルヲ以テ是亦其價格定レリ」
若シ左ノ塲合ニ係ル片ハ價格ハ定マラサルモノナリ
一差押假差押　此塲合ニ於テハ地所建物船舶ノ價格ニ依ル
二假處分　此塲合ニ於テモ亦差押ニ同シ
三収益差押ニ付小作米等ヲ差押タル塲合　此塲合ニ於テハ小作米等ノ價格ニ依ル
要スルニ其物件ノ金錢ナルト否トニ依リ價格ノ定マリタルト

否トノ區別アルモノナリ

然レ𪜈假處分ノ場合ヲ除クノ外差留其他一切ノ場合ニ於テ記入請求者カ訴訟上ノ請求金額、物件ノ價格ヨリ少額ナル片ハ即チ物件ノ一部分ヲ差留又ハ差押フル筋合ナルヲ以テ其請求金額ニ依リ登記料ヲ徴シ及ヒ登記簿ニ記入スヘキハ勿論ナリトス

○價格○　本條第一項ノ場合ニ於テハ千圓ノ價アル地所ヲ書入トシ而メ抵當權ノ價格ヲ壹圓ト届出ルモ法第三十二條ニ明文ナケレハ登記所ハ評價ヲ命スルヲ得サルヿ○然リ然レ𪜈壹圓ト届出ル片ハ登記簿ニモ亦壹圓ト登記スルヲ以テ身代限等ノ場合ニ於テハ壹圓以上ノ先取ヲ爲スノ權ナシ是書入權ノ登記ハ壹圓ニ止マレハナリ但斯ノ如キ結果ヲ生スルヲ以テ右ノ如キ

届出ヲ為スモノハ實際アラサルヘク若シ法理ヲ知ラスシテ之ヲ為スモノアラハ登記官ハ一應告諭ヲ為スヲ宜トス
一件　本條ニハ毎一件ノ文字ナケレハ地所ト建物トヲ併テ書入ト為シ又ハ差押トナス時ハ二件ノ登記料ヲ納ムヘキヤ否前條ノ例ニ依リノ文字ハ毎一件ノ文字ヲモ承ケタルモノナリ

第二十九條　第十五條ノ登記ニ付テハ時價相當ノ價格ヲ定メ第二十五條ニ掲クル金額ノ區別ニ從ヒ毎一件ニ其登記料ノ五分ノ一ヲ納ム可シ但一件ニ付キ金五錢ヨリ下スヿヲ得ス

（解）價格　本條ノ價格ハ地所建物船舶ノ價格ナリ
五分ノ一云々　例ヘハ二十五圓ノ價格ナル時ハ登記料拾錢ヲ納ムヘク二十五圓未滿ノ價格ニ付テハ總テ五錢ノ登記料ヲ納

ムヘキヲ云フ

(實用)相續ノ登記料ハ左ノ區別ニ從フ

價格	登記料
貳拾五圓未滿	五錢
貳十五圓以上五十圓未滿	拾錢
五十圓以上百圓未滿	貳十錢
百圓以上二百圓未滿	四十錢
二百圓以上三百圓未滿	六十錢
三百圓以上四百圓未滿	八十錢
四百圓以上五百圓未滿	壹圓
五百圓以上七百五十圓未滿	壹圓貳十錢
七百五十圓以上千圓未滿	壹圓四十錢

千圓以上　千五百圓未滿	壹圓六十錢
千五百圓以上　二千圓未滿	壹圓八十錢
二千圓以上　五千圓未滿	貳圓
五千圓以上　壹万圓マデ	二圓四十錢

以上五千圓マデ毎ニ四十錢ヲ増加ス

第三十條　左ニ掲クル者ハ手數料トシテ金五錢ヲ納ムヘシ

第一　登記事件ノ取消又ハ其變更ノ登記ヲ請フ者ハ毎一件

第二　登記ノ謄本若クハ抜書ヲ請フ者ハ毎一枚

第三　登記ノ一覽ヲ請フ者

〔問答〕抵當取消　抵當物ヲ引取リ以テ返濟ニ代ヘタル場合ノ如キ

ハ抵當ノ取消手數料ト引取リニ因テ得タル所有權ノ登記料トヲ納ムルハ勿論ナリヤ○然リ

○○○○所有權取消　所有權移轉ノ登記ヲ取消シタルニ因リ法第十條ニ於テ示サレタル登記例ニ依リ更ニ舊所有者ヲ登記スルトキハ其登記料ヲ合テ納メシムヘキ乎○取消手數料ヲ納メシムルノミ舊所有者ヲ記スルハ以前ノ景狀ニ復スルカ爲メニシテ新タニ所有者ヲ登記スルニアラス

○○買戻　然ラハ買戻ニ依リ前ノ賣買ヲ取消シタルトキハ恰モ右ノ場合ト同一ノ手續ヲ爲スモノナレハ別ニ登記料ヲ徴スルニ及ハサルカ○眞正ニ買戻ト稱スヘキモノ則チ解除條件ノ到來ニ因リ取消ヲ爲ストキハ登記料ヲ徴セス取消手數料ヲ徴スルノミ然レトモ買戻ニ似テ非ナル場合尠ナカラサレハ宜ク注意スヘシ

解除 法第二十三條ニハ解除ノ文字アリテ本條ニハ其文字ナシ蓋シ解除ハ取消中ニ包含スルヤ○然リ

謄本 謄本用紙ハ一組三枚ナレハ十五錢ノ手數料ヲ徴スルカ○然リ

一覽 一覽ニ付テハ一件一枚等ノ文字ナシ何ヲ標準トシテ手數料ヲ徴スルヤ○一請求ヲ以テ一件トシ金五錢ヲ納メシム而メ首メニ地所登記簿一覽ヲ請求シ其關係等ノ故ヲ以テ建物船舶ノ登記簿ニ亘リテ一覽スルモ引續キテ之ヲ一覽シタルトキハ仍ホ一件トシ五錢ノ外手數料ヲ徴セス但登記件數表乙號ノ部登記簿一覽ノ項ニ地所建物船舶ノ區別ヲ為サヽルハ此精神ナルカ為メナルヘシ

舊公証簿 舊公証簿ノ謄本抜書又ハ一覽ヲ請フ場合ニ於テハ

手數料ヲ徵セサルカ○然リ規第二十條ニ照シテ之ヲ了解スヘシ

第三十一條　左ニ揭クル者ハ登記料及ヒ手數料ヲ要セス

第一　官廳ノ請求ニ係ル登記

第二　公立ノ學校、病院、公園及ヒ養育院ニ係ル登記

第三　社寺、堂宇及ヒ墳墓地ニ係ル登記

第四　人民共有ノ用惡水路、溜池敷、堤敷、井溝敷、及公衆ノ用ニ供スル道路ニ係ル登記

(解)請求　官廳ノ請求ニ係ルトキハ賣買讓與質入書入ノ登記ハ勿論變更解除若クハ取消ノ登記ニ付テモ登記料又ハ手數料ヲ徵セサルノ意ナリ第二以下ニハ此文字ナキヲ以テ其物件ヲ登記ス

ルニハ無料ナレ𪜈其者ノ請求例ヘハ社寺ニ於テ負債ヲ起ス爲メ通常人民ノ地所ヲ借受ケ抵當ト爲シ之カ登記ヲ請求スル𪀚ハ登記料手數料ヲ納メサルヘカラサルナリ

學○校○病○院○　公立ニ非レハ本條ニ依テ處分スルヿヲ得ス

養○育○院○　公立ト私立トヲ分タサルモノトス

社○寺○堂○宇○　公有私有ヲ問ハスト雖𪜈公然タルモノナルヲ要ス邸内ノ祠堂ノ如キハ此内ニ包含セス又説敎所モ本項ニ依ルヿヲ得ス

墳○墓○地○　公有私有ヲ問ハサルナリ

共○有○　用惡水路、溜池敷、堤敷、井溝敷ハ二人以上ノ共有ナレハ足レリト雖𪜈道路ハ共有ト否トヲ問ハス公衆ノ用ニ供スルモノタルヲ必要トス

（問答）謄本拔書。。。。　本條ニ列記スルモノハ謄本抜書ヲ請フトキニモ亦無手數料ナリヤ○然リ登記ニ付テ己ニ無料ナレハ謄本拔書ニ付テ明文ナキモ無論之ニ準據スヘク且登記件數表丙號ノ部ニ謄本抜書ノ手數料ヲ記入スヘキ欄ナキニ依テモ亦推知スルニ足レリ

一覽。。　官廳等ヨリ登記簿ノ一覽ヲ請フニ付テモ亦無料ナリヤ

○然リ此場合ニ於テハ別ニ名刺ヲモ差出スニ及ハサルヘシ何トナレハ件數表丙號ノ部ニ一覽ノ件數ヲ記載スヘキ欄ノ設ケナケレハナリ

人民ノ請求。。。。。　人民ヨリ本條ノ登記事件ノ謄本抜書又ハ一覽ヲ請フニハ手數料ヲ納ムルヲ要スルヤ○然リ

第三十二條　登記所ニ於テ第二十五條第二十六條第

二十八條第二項及第二十九條ニ從ヒ屆出タル價格ヲ不相當ト認ルトキハ其事件ニ關係ナキ者三名ヲ撰ヒ之ヲ評價人ト爲シテ其價格ヲ評定セシムル可シ

〔參照〕規第三十八條、三十九條、四十條令第八條

〔解〕事件ニ關係ナキ者　價格ノ高低ニ付キ利害ノ關係ナキ者ヲ云フ

三名ヲ選ヒ　登記所ニテ之ヲ選フヲ云フ

〔手續〕評價ノ手續ハ左ノ如シ

一　評價費用ヲ登記料ヲ納ムヘキモノヨリ豫納セシム（規第三十九條、令第八條）

二　評價人ヲ選定ス（本條及法第三十四條）

三　評價人ヲシテ物件ノ所在ニ就テ評價シ評價書ヲ差出サシム

ス〔規第四十條ノ一項〕
四　評價人意見ヲ異ニスルトキハ多數ニ決シ同數ナレハ更ニ改選ス〔規第十四條ノ二項〕
五　場合ニ依リ豫納金ヲ還付シ又ハ追徴ス〔法第三十三條規第四十一條〕
六　評價人ニ日當ヲ給與ス〔法第三十五條〕
豫納金ヲ爲スヘキ者ハ左ノ如シ〔法第三十三條、規第三十九條〕
一　賣買讓與ニ付テハ買受人讓受人
二　差押等ノ記入ニ付テハ其請求者
三　相續ニ付テハ相續者
〔評價書ノ例〕
評價書

何國何郡何村字何番地

一田何反步

此評價格何百何十圓

右實地ニ付キ致鑑查候處前記金額ヲ以テ相當價格ト致評定候也

年　月　日

評價人

住所　氏名㊞

住所　氏名㊞

住所　氏名㊞

某登記所

治安裁判所判事何某殿

（問答）評價人　登記請求者ノ親族又ハ公權ヲ剝奪停止セラレタルモノ、如キハ鑑定人ト爲スヲ得サル乎○本法ニ於テハ別ニ制限ナキモ信用ヲ置キ難キモノハ登記所ニテ之ヲ選定スヘカラス

故障　登記請求者ハ評價人ノ選定ニ付キ故障ヲ述フルヿヲ得ルヤ○故障スルヿヲ得ス然レトモ不服ノ處分アラハ抗告スルヿヲ得ヘシ

評價書　評價書ハ評價人連名ニテ作ルヘキヤ又ハ各自別封ニシテ差出スヘキヤ○連名セシムルヲ正則トス但意見ヲ異ニスル者ハ各別ニ之ヲ作ルモ妨ケ無シト雖モ封書トナシ投票ノ体

裁チ用フヘキモノニアラス

選定方法　評價人ハ豫メ數人チ選定シ置キ其內ニテ登記請求者ノ故障ナキモノチ選テ評價セシムルモ苦シカラスヤ○苦シカラサルヘシ

改選　各自意見チ異ニスルトハ三名共改選スルヤ○然リ

評價命令書　評價人ニ於テ評價チ命セラレタルヿチ証スル爲メ命令書ノ下付チ請フトハ之チ下付スルモ妨ケナキヤ○妨ケナシ

第三十三條　評價人ノ評定シタル價格屆出ノ價格ヨリ增加スルトハ其評價ニ關スル費用ハ其登記料チ納ムルモノ之チ負擔ス可シ若シ其價格屆出ノ價格ト同價又ハ低價ナルトハ該費用ハ其登記所ニ於テ

之ヲ支辨ス可シ

〔參照〕規第四十一條

〔解〕費用　日當其他評價ニ必要ナル入費金ヲ云フ

登記料ヲ納ムル者　登記料ヲ納ムル者ハ豫納金ヲ爲シ置クヲ以テ其豫納金ヲ以テ之ニ充ツルナリ

登記所ニ於テ支辨ス　登記所ノ經費ヲ以テ支辨スルヲ云フ

第三十四條　評價人ニ撰ハレタル者ハ正當ノ事由ナクシテ之ヲ辭スルコトヲ得ス

〔解〕正當ノ事由　父母ノ看病ヲ爲シ又ハ自己ノ疾病ニ罹ル等己ムヲ得サル差支ヲ云フ故ニ正當ノ事由アルコトハ醫師ノ診斷書等ヲ以テ証明セサルヲ得ス

〔問答〕制裁　評價人ニ選ハレタル者正當ノ事由ナクシテ評價ヲ肯

ンセサルモ別ニ制裁ナキヤ○然リ

第三十五條　評價人ノ日當ハ登記所ノ見込ヲ以テ一日金貳十五錢ヨリ五拾錢マテヲ給スヘシ

(解)日當　日割ヲ以テ給スル手當即チ日給ヲ云フ

(問答)費用　評價人ノ費用ハ別ニ支給スヘキカ○本條ハ費用中ニ付テ日當ノ額ノミヲ定メタルモノナレハ其他ノ評價費用ハ實費ヲ以テ支給スヘキモノナリ

日當　二十錢ヨリ五拾錢マテノ内ニ付テ之ヲ定ムルニハ如何ナル目的アルヘキカ○地方ノ物價、評價ノ難易、評價人ノ身分等ヲ目的トシテ之ヲ定ムヘシ

旅費　旅費ハ支給セサルノ精神ナリヤ○旅費ノ定メナキヲ見レハ之ヲ支給セサル方法ヲ用フルノ精神ト解スヘシ故ニ評價

人ノ選定等ハ物件所在地ノ戸長等ニ囑托スルヲ可トス然レ𪜈若シ己ヲ得サル事情アル片ハ評價費用ト爲シ實費ヲ支給スルモ妨ケナカルヘシ

第五章　罰則

第三十六條　詐僞ノ所爲ヲ以テ登記料ヲ減脱シ及ヒ之ニ通謀シタル者ハ二圓以上百圓以下ノ罰金ニ處ス

〔參照〕治罪法第九十六條

〔解〕減脱。○相當ノ登記料ヨリモ少額ヲ納メ又ハ全ク之ヲ免レタル者ヲ云フ之ヲ減脱セントシテ登記所ニ看破セラレ未タ減脱ニ至ラサルモノハ輕罪ノ未遂犯ナルヲ以テ本條ノ刑ヲ加フルヿヲ得ス

〇通謀 通謀トハ減脱ノ所爲アルモノト慣合ヒ詐僞ヲ助ケタルモノヲ云フ但通謀者モ亦減脱ヲ遂ケタル𪜈ニ非レハ罰スルヿヲ得サルモノトス

第三十七條 本法ニ依リ罰金ニ處スル者ハ刑法ノ不論罪及ヒ減輕、再犯加重、數罪俱發ノ例ヲ用ヒス

〔參照〕刑法第一篇第四章、第五章及ヒ第七章

附則

第三十八條 明治十年二十八號布告船舶賣買書入質手續同十三年第五十二號布告土地賣買讓渡規則同十四年第三十號布告地券証印稅則其他從前ノ法律規則中本法ニ抵觸スルモノハ本法施行ノ日ヨリ廢止ス

〔解〕廢止○○　船舶賣買書入質手續、土地賣買讓渡規則地劵証印税則ハ全ク廢止セラレタルモノニシテ其他ノ法律規則即チ地所質入書入規則、建物書入質規則、建物賣買讓渡規則ノ類ハ登記法ニ牴觸シタル部分ノミ廢止セラレタルモノナリ

〔參照〕地所質入書入規則等ハ本書ノ第四卷ニ於テ廢止セラレタルト否トノ區別ヲ示スヘシ

第三十九條　地所賣買讓與荒地起返シ開墾鍬下年期明等總テ地劵下付書換ニ係ル手續及其手數料ハ大藏大臣之ヲ定ム

第四十條　登記所ノ登記簿ニ未タ登記セサル地所建物船舶ニ付登記ヲ請フ者ハ地所建物ハ其所在地船舶ハ其定繫場ノ戸長ノ証書ヲ以テ其所有者タルコ

及其物件ニ故障ナキコトヲ示ス可シ

〔解〕未タ登記セサル　未タ登記簿表題ノ區ニ物件ノ登記アラサルヲ云フ

所有者　地劵鑑札其他公簿上所有者ノ名義アルヿヲ証スヘキモノトス相對私約ヲ以テ己ニ賣買アルヿ等ヲ穿鑿シタル上証明スルノ意ニアラサルナリ

故障　公賣處分ノ着手中等ノ如キヲ云フ

第四十一條　本法ハ明治二十年二月一日ヨリ之ヲ施行ス

〔解〕明治二十年二月一日以前ノ賣買讓與書入質入ハ登記ヲ爲サヽルモ從前ノ法律ニ從ヒ公証ヲ經タルヿハ其効アルカ如キハ本條ノ効果ナリ

第二卷　登記請求手續 明治十九年司法省令甲第五號

第一條　登記ヲ請フ者ハ第一號書式ニ準シ登記ノ件目等ヲ記載シ實印ヲ押シタル名刺ヲ登記所ニ差出スヘシ

登記簿ノ謄本若クハ拔書又ハ登記簿ノ閲覽ヲ請フ者亦同シ

〔解〕差出　本條以下差出スト記スルモノハ其書面ヲ登記所ニ留置キ之ヲ還付セサルヲ云ヒ又示スト記スルモノハ撿閲ノ上返還スヘキヲ云フモノナリ

閲覽　法第十一條ニ所謂登記ノ一覽ノヿナリ規第三十六條ノ解ヲ參照スヘシ

〔手續〕法第八條參照

(問答)實印代人

實印ヲ押サシムルハ何ノ爲ナリヤ〇本人ノ差出シタル名刺タルヲ証シ及ヒ印鑑照査ノ便ニ供スル爲メナリ

代人ヲ差出ス件ハ名刺ニハ代人某ト記シ代人ノ實印ヲ押スヘキヤ〇然リ

〇第一號書式（用紙半紙半截）

地所
建物
船舶
賣買（讓與）ニ付登記願

住所
賣（讓）渡人氏名㊞

此代價（價格）金何圓　住所

此登記料金何圓何錢　買（讓）受人氏名㊞

明治何年何月何日

（又ハ）何々質書入ニ付登記願
此貸借金何圓
此登記料金何圓何錢
（又ハ）家督遺産相續ニ付登記願
此價格金何圓
此登記料金何圓何錢
（又ハ）何々拂下ヲ得候ニ付登記願
此拂下代價金何圓
此登記料金何圓何錢
（又ハ）何々登記ノ謄本又扱書下付願
此手數料金何錢
（又ハ）何々登記簿閲覽願

此手數料金何錢

(又ハ)登記取消(又ハ變更)願

此手數料金何錢

(他皆以上ノ例ニ傚ヒ各別ニ認ム可シ)

第二條　後見人ヨリ登記ヲ請フトキハ後見人タルノ証書ヲ登記所ニ差出ス可シ

代人ヲ以テ登記ヲ請フトキハ代理ノ委任狀ヲ付與シ之ヲ登記所ニ差出サシム可シ

(解)後見人ノ證　戸長ノ證明アル者又ハ親屬連署ノ書面等登記官ニ於テ後見人タルコトヲ看認メ得ヘキ證書ナレハ足レリ(明治十九年司法省訓令第三十九號參照)

代理　委任狀ヲ付與シトアルニ依レハ部理代人タルヲ要スル

ナリ

（委任狀ノ例）明治六年第二百十五號布告代人規則參照

委任狀（五厘ノ證劵印紙ヲ貼用シ委任者ノ實印ヲ以テ消印シアルヿヲ要ス）

拙者儀地所賣買登記請求事件ニ付何誰ヲ以テ部理代人ト定メ拙者ノ名義ニテ左ノ權限ノ事ヲ代理爲致候事

一何某ヨリ買取タル何國何郡何村ノ田地何反歩ニ付某登記所ニ登記ヲ請求スル事

一登記簿ニ押印シ登記料ヲ上納シ其他登記ニ付テ必要ナル一切ノ事件ヲ處辦スルヿ

右代理ノ委任狀仍テ如件

明治何年何月何日

何國何郡何村何番地平民

何　　某㊞

（手續）名刺ハ受付帳ニ登記シ名刺綴込帳ニ編入ス（規七條及三十條ノ第十三）

第三條　初テ登記ヲ請フ者ハ第二號書式ニ準シ區戸長ノ証明シタル印鑑ヲ登記所ニ差出ス可シ

（解）初テ　未タ登記所ニ印鑑ヲ差出シ置カサル者ト解スルヲ宜シトス

○第二號書式（印鑑用紙竪五寸横一寸但厚紙ヲ用ユヘシ）

印鑑証明願

何國何郡區何町村何番地

㊞印鑑　何某

區役所又ハ戸長役場ノ印

（証明願ハ半紙ヲ用ヒ印鑑ハ別紙ヲ之ニ貼付スヘキモノトス）

右印鑑御証明被成下度奉願候也

何國何郡區何町村何番地

明治何年何月何日　何　某㊞

某區戶長何某殿

右印鑑相違無之候也

明治何年何月何日

某區戶長何某㊞

〔參照〕規第八條第二項印鑑符合セサレハ登記ヲ爲サス

〔手續〕印鑑ハ證明書ヨリ取離シイロハ分ケニシテ印鑑簿ニ挿入（又ハ貼付）シ證明書ハ證明書綴込帳ニ編入ス（規第三一條ノ六及十

（二）

〔問答〕印。鑑。　戶長役塲ニ設ケタル登記所ニシテ證明者ト登記官ト

同一ノ戸長ナル時ニ於テモ亦證明書ヲ作ルヘキヤ○後日ノ證據トナルモノナレハ證明書ヲ作ルヲ要ス

改印　改印シタル場合ニハ更ニ印鑑ヲ差出スヘキヤ○然リ

第四條　地所ニ付初テ登記ヲ請フ者ハ地券ヲ登記官ニ示ス可シ但現ニ質入中ノ地所ニ付テハ此限ニ在ラス

船舶ニ付テハ鑑札ヲ示スヘシ但船舶ニ釘付シタルモノハ此限ニ在ラス

〔參照〕法第四十條、規第九條

〔解〕初テ　未タ登記簿ニ登記アラサル物件ニ付キ登記ヲ請フ場合ニ限ルコトヲ示スナリ

質入釘付　質入ノ件ハ地券ヲ質取主ニ渡シ置クヘキ成規ニシ

テ又小舟ノ鑑札ハ其舟ニ釘付シアルモノナリ故ニ之ヲ示スヲ要セス

〔問答〕差押　差押等ノ塲合及ヒ地劵鑑札ノ紛失等ノ塲合ニ於テモ亦之ヲ示スニ及ハサルハ勿論ナルヘシ○然リ

船舶　船舶ニ付テモ初テ登記ヲ請フ片ノミ鑑札ヲ示ス可キヤ

○然リ

證明　質入中ナルカ又ハ釘付シアルヿハ之ヲ證明スルニ及ハサルヤ○然リ其旨ヲ申立ルノミヲ以テ足レリトス

第五條　建物ニ付登記ヲ請フ片ハ其圖面ヲ登記所ニ差出ス可シ

建物ノ圖面ハ邸地ノ形狀、坪數〔反別〕方位及ヒ建物ノ形狀、間尺、位置等ヲ記シ登記ヲ受ク可キ建物ノ圖ハ

墨引墨字ト爲シ登記外ナル建物アルトキハ其圖ハ朱引朱字ト爲ス可シ

建物ノ圖面ニハ登記法第九條第十六條第十七條第十八條第十九條ノ場合ヲ除クノ外結約者雙方之ニ署名捺印ス可シ但同第十五條第二項ノ場合ニ於テハ親屬又ハ近隣戶主之ニ連署スヘシ

地所船舶ニ付キ圖面アルトキモ亦前項ニ定メタル署名捺印若シクハ連署ヲ要ス

〔參照〕法第九條　差押假差押差留假差留假處分ノ場合

法第十六條　行政官廳ノ公賣處分ノ場合

法第十七條　官有地所等拂下、下ケ渡ノ場合

法第十八條　民有地所等官有ト爲シタル場合

法第十九條 裁判執行ノ上ノ糶賣若クハ入札ノ場合

法第十五條二項 死亡者失踪者若クハ離縁戸主ノ遺産ノ場合

〔解〕邸地ノ形狀 邸地全部ノ形狀ヲ記スルニ及ハス建物ノ近傍ノ形狀ニテ足レリトス

坪數反別 邸地ノ坪數又ハ反別ナリ

方位 東西南北ヲ付スヘキヲ云フ

建物ノ形狀 建物全部ノ形狀ヲ寫スヲ可トス

間尺 建物ノ圖ニ間尺ヲ記スルヲ云フ別ニ建坪ノ文字ナキハ此間尺ニ依リ算出シ得ルカ爲ナレハ其心得ヲ以テ記セサルヘカラス

位置 邸地ノ何レノ部ニ建物ノ在ルヿヲ圖中ニ示スヲ云フ

親屬又ハ近隣戸主 法第十五條ノ解ヲ見ルヘシ

圖面アル時　地所船舶ニハ圖面ナキヲ常トスレ𪜈若シ圖面ヲ以テ示スヿノ必要ナル爲メ圖面ヲ作リタル片ハ其寫ヲ差出スヘキヲ云フ

（手續）圖面ニハ登記物件ノ番號ヲ記シ登記官認印シテ圖面綴込帳ニ編入ス（規第廿四條及第三十條ノ第九）

（問答）連署　登記ヲ請フノ書面ニハ規則ニ從ヒ親屬等ノ連署アルモ圖面ニ連署ナキ片ハ登記ヲ爲スヘカラサルヤ○然リ

（圖面ノ例）　用紙適宜

圖中……線ヲ以テ記スルモノハ朱書タルヿヲ示ス爲メナリ

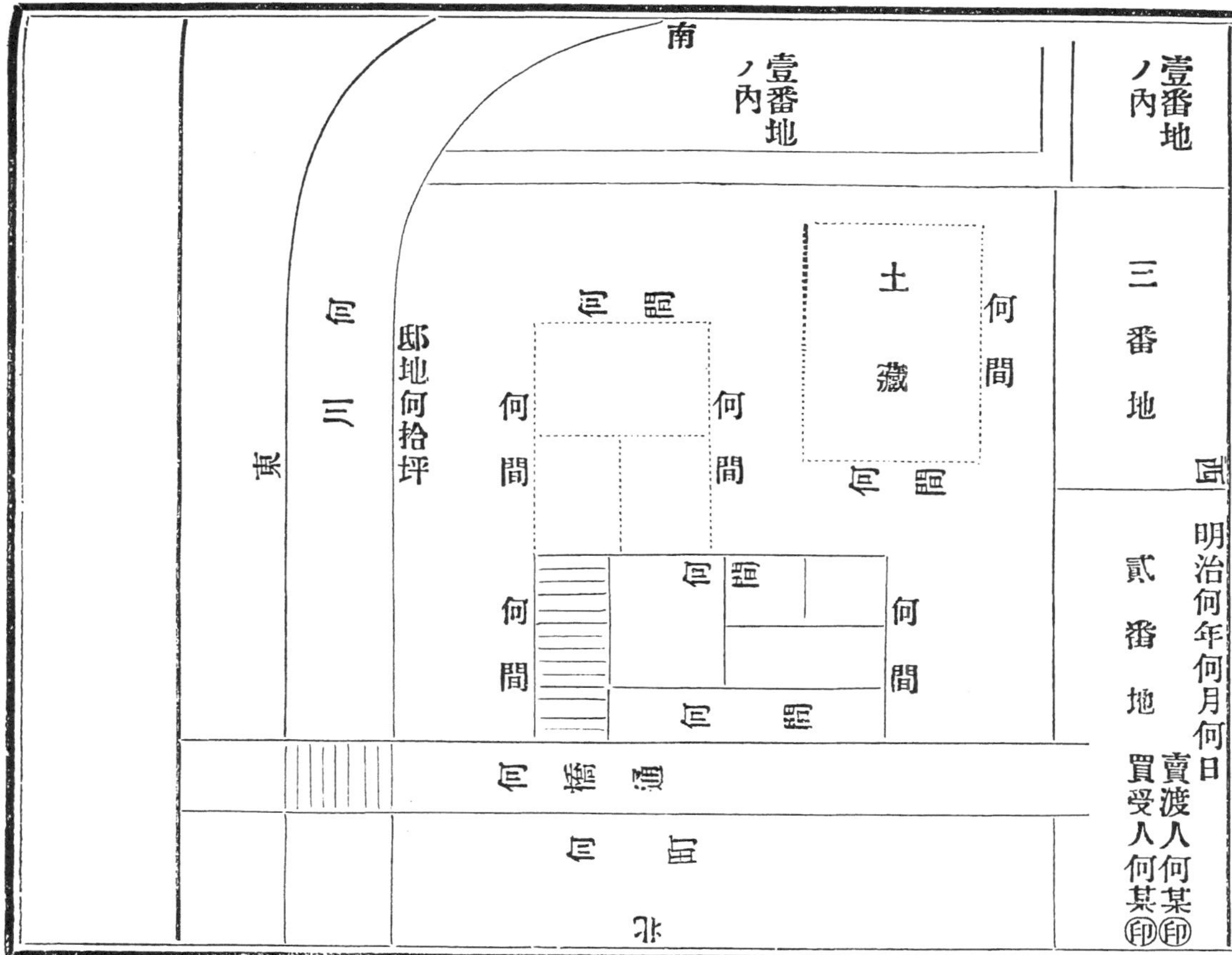

第六條　地所ヲ分割シテ賣買讓與シ又ハ質入書入ト爲スヰハ前條ニ準シ其圖面ヲ差出ス可シ

第七條　裁判執行上ノ糶賣若クハ入札ニ因リ地所建物船舶ノ所有權ヲ得タル者其登記ヲ請ヒ又ハ地所建物船舶ニ關スル差押假差押差留假差留假處分及地所建物ノ収益差押ニ付キ記入若クハ取消ヲ請フニハ裁判所ヨリ其命令書ヲ受ケ之ヲ登記所ニ示スヘシ

裁判言渡ニ依リ登記ノ變更若クハ取消ヲ請フヰ亦前項ニ同シ

〔解〕糶賣差押等　法第九條法第十九條ノ解ヲ參照スヘシ

命令書　明治十九年司法省訓令第三十六號ニ依リ裁判所ヨリ

下付スル所ノ命令書ナリ

登記變更若クハ取消　法第十條ノ解及ヒ例ヲ參照スヘシ

亦前項ニ同シ　前項「裁判所ヨリ其命令書ヲ受ケ」云々以下ヲ指スモノナリ

〔手續〕命令書ニハ規第二十五條ニ準シ登記番號ヲ記シ登記官認印シテ還付スヘキモノトス

第八條　登記法第三十二條ニ依リ評價ヲ要スルトキハ登記所ノ命令ニ從ヒ登記料ヲ納ムル者ヨリ評價費用ノ見積金額ヲ豫納スヘシ

〔解〕命令　別ニ命令書ヲ下付スルニアラス口達ヲ爲スヲ以テ足レリトス但書面ヲ用ユルモ妨ケナシ

豫納　豫納金ノ取扱ニ付テハ未タ其規定ナケレハ適宜ノ取扱

ヲ爲スコトヲ得ヘシ

〔參照〕法第三十二條ノ解及手數等ヲ參照スヘシ

第九條　登記濟ノ證ヲ請フ者ハ第三號書式ニ準シ物件等ヲ記載セル願書ヲ登記所ニ差出ス可シ

〔參照〕法第二十條規第三十三條

〔問答〕登記濟證下付願ハ受付帳ニ記載スヘキヤ○記載スヘシ

○第三號（登記濟證下付願書式）　用紙適宜

地所登記濟證下付願

何郡何町（村）字何

何番地

一田何反何畝步

地價金何圓

同郡同町（村）同字
何番地
一畑何畝歩
地價金何圓
右之地所今般何郡何町（村）何番地何某ヨリ讓受（買受）候ニ付地劵書換候間
登記濟ノ證御下付被成下度此段奉願候也

何郡何町（村）何番地
何　某㊞

年　月　日

某登記所
御中

（朱書）
登記濟
某登記所印

明治何年何月何日（右ノ朱書ヲ爲シタル日付ナリ登記ノ日付ニアラス）

（此朱書ハ登記所ニテ之ヲ爲ス可キモノトス）

（船舶登記濟證下付願書式畧之　但前書式ニ準シ本書第一巻
法第七條ノ登記例中第三第四ノ例ヲ參照シテ之ヲ作ルヘシ

第十條　登記ヲ受タル物件ノ全部若クハ一部既壞燒失流亡等ニ依リテ消滅シタルトキハ其物件ノ所有者ヨリ登記ヲ爲シタル登記所ニ書面ヲ以テ其旨ヲ屆出ツ可シ但其物件質入書入又ハ差押差留等ニ係ルトキハ債主又ハ差押差留等權利者ノ連印ヲ要ス

地目變換ノ場合ニ於テモ亦前項ノ例ニ準シ屆出ヲ爲ス可シ

（參照）規第二十一條

（解）毀壞　天災ニ由レル毀壞及ヒ人爲ニ由レル毀壞（建物ノ解崩等）ヲ包含ス

消滅　全部若クハ一部ノ消滅ニ限リ屆出ヘキヲ云フ建物ノ建增ノ如キハ屆出スルニ及ハサルナリ

連。印。　詐僞ノ屆出ヲ爲シ抵當權利者ヲ害スルノ弊ヲ防ク爲メナリ

差。押。差。留。等。　等ノ文字ハ假差押假差留假處分及ヒ收益差押ヲ指シタルモノナリ（法第九條參照）

地。目。變。換。　田地ヲ宅地ニ變換スルノ類ヲ云（地租條例參照）

前。項。ノ。例。　書面ヲ以テ屆出ツヘク且書入質入差押等ノ場合ニ於テハ債主差押人等ノ連印ヲ要スルヲ云フ

（手續）屆出アリタルトキハ登記簿表題ノ部中ニ之ヲ記載シ屆書ハ屆書綴込帳ニ編入ス（規第二十一條及第三十條ノ十五）

（問答）手。數。料。　本條ノ場合ニハ手數料ヲ要セサルヤ○然リ

連。印。　債主等ノ連印ナケレハ他ニ流亡燒失ノ證アルモ屆書ヲ受理スヘカラサルヤ○然リ

〔届書ノ例〕用紙適宜

建物燒失屆

何國何區何町何番地

一木造瓦葺平家壹棟

右之建物明治何年何月何日全部致燒失候間此段御屆仕候也

何國何區何町何番地

持　主　何某㊞

何國何區何町何番地

書入債主　何某㊞

明治何年何月何日

某登記所

治安裁判所判事何某殿

第十一條　船舶ノ定繫所ヲ更改シタルトキハ原登記所ヨリ登記簿ノ謄本ヲ受ケ之ヲ轉入地ノ登記所ニ差出シ其登記ヲ請フ可シ
同一ノ登記所ニ屬スル町村ニ轉入シタル場合ニ於テハ其登記所ニ登記ノ變更ヲ請フ可シ

〔參照〕規第二十二條

〔解〕原登記所　船舶ノ登記ヲ爲シタル所ノ登記所ナリ
轉入地ノ登記所　改テ定メタル定繫所ヲ管轄スル登記所ナリ
差出　登記簿謄本ヲ名刺ニ添ヘテ之ヲ差出シ登記ヲ請フヲ云フ
變更　甲村ノ登記簿ヲ取消シテ乙村ノ登記簿ニ登記ヲ請フヲ云フ

〔問答〕届書 更改ニ付テハ書面ヲ以テ届出ルヲ要セサルヤ〇然リ

名刺ヲ差出スヲ以テ足レリトス

名刺 名刺ニハ船舶ノ登記簿謄本下付願ト記スヘキヤ〇定繫所更改ニ付船舶登記簿謄本下付願ト記スルヲ要ス否ラサレハ登記所ニテ更改ノ爲メニ下付スル旨ノ記載ヲ爲サヽルナリ（規第二十二條ノ例參照）

債主 定繫所ノ更改ニ付テハ債主承諾ノ證等ヲ示スヲ要セサルヤ〇然リ

〔手續〕他管ニ轉入スル場合 請求者ハ名刺ヲ原登記所ニ差出シ謄本料ヲ納メ謄本ノ下付ヲ受ケ之ヲ名刺ニ添ヘテ轉入地ノ登記所ニ差出ス其登記所ハ變更ノ手數料ヲ収メ規第二十二條ニ從ヒ登記ヲ爲シ登記濟ノ通知書ヲ郵便等ニテ原登記所ニ發送ス

原登記所ハ其通知ニ依リ原登記ヲ取消スモノトス但其取消ニ付テハ手數料ヲ要セス

同管內ナル場合。。。。。。請求者ハ名刺ヲ差出シ變更ヲ申出ツヘク登記所ハ變更ノ手數料ヲ収テ規第二十二條ニ從ヒ登記簿ヲ變更ス

第三卷

登記法取扱規則 明治十九年司法省訓令第三十二號

第一章 登記所印章及ヒ登記簿

第一條 登記所ハ隷書ヲ以テ其署名ヲ刻シタル印章大小二顆ヲ調製シ其印影ヲ管轄始審裁判所ニ屆ケ置ク可シ

（解）署名 登記所ノ名ヲ刻スルヲ云フ例ヘハ京橋登記所ト刻スルノ類ナリ

印章 大印ハ一寸三分角ノ印ニシテ一切ノ公文ニ用フヘキモノナリ小印ハ幅四分長一寸ノ印ニシテ割印封印等ニ用フヘキ者ナリ

（問答）登記所印 登記所ノ印ハ登記所ニ於テ調製スルヤ○然リ故ニ屆出ヲ要スルナリ

官印　登記官ノ印ハ如何ナルモノナルヤ○判事ハ判事ノ官印
郡長ハ郡長ノ官印戸長ハ戸長ノ官印ヲ用フルナリ
小印　登記官ノ小印（撿印又ハ認印トモ云フ）ハ適宜ナルヤ○然リ
届出　官印小印ハ届出ヲ要セサルヤ○監督ノ為メ始審裁判所
長ヨリ届出ヲ命スルヿアルヘキモ自カラ届出ルニ及ハス

第二條　登記簿ハ地所建物船舶ヲ分チ別冊ト為ス可シ
登記簿ハ前項ノ外町村毎ニ冊ヲ分テ之ヲ設ク可シ
但事件寡少ナル町村ニ付テハ数町村ヲ合セ一冊ト
為スヿヲ得此場合ニ於テハ各町村毎ニ見出ヲ付ス
可シ

（解）町村毎ニ冊ヲ分ツ　例ヘハ甲村ト乙村トヲ合管スル登記所ニ

テハ地所ニ付キ甲村ノ分壹冊乙村ノ分壹冊ヲ作リ建物船舶モ之ニ準シ都合六冊ヲ作ルヘキヲ云フ

合冊 數町村トアルニ依レハ同種類即チ地所ト地所、建物ト建物トニ限リ合冊スルヲ得ルノ意ナリ又見出ヲ付スヘシトアルニ依レハ兩村ノ分ヲ雜録スルヲ許サス必ス一村毎ニ區別ヲ爲シ且物件番號モ一村毎ニ區別シテ之ヲ付スルヲ要ス（規第十一條）是後日其內ノ一村ヲ他ノ登記所ノ管內ニ移シタル塲合ニ於テ或ハ一村分ヲ引續クヘキ特達（通例ハ引繼クニ及ハス）アルヤモ計リ難ケレハナリ

第三條 登記簿ハ一用紙毎ニ登記物件ハ番號ヲ付シ且其一用紙ヲ表題（登記簿用紙中物件ノ欄ヲ設ケタル所ヲ云フ以下準之）及ヒ甲乙丙ノ三區ニ分チ仍ホ其表題及ヒ各區ヲ數欄ニ分ツモ

ノトス
其表題ハ登記法第七條ノ一二三四ニ掲ケタル項目ヲ登記スルノ所トス
其甲區ハ所有權ノ得有則チ賣買讓與等ヲ登記スルノ所トス
其乙區ハ抵當即チ質入書入ヲ登記スルノ所トス
其丙區ハ執行上ノ抵當即チ登記法第九條ニ記載シタル諸件ヲ記入スルノ所トス

〔解〕一用紙　一用紙ハ三枚ヲ以テ一組トシ其三枚ニハ同番號ヲ付スルモノナリ

物件番號　一用紙ニ記載セシ物件ハ一箇ニ止マルト數箇ヲ合錄セシトニ論ナク一用紙毎ニ一番號ヲ付ス之ヲ物件番號ト云

ヿ

數欄○○　表題ヲ物件ト取消ノ二樣ニ分チ且甲區ヲ順番、所有者、登記ノ事由、價格、登記日付、權利移付者、取消ノ數欄ニ分チ乙區ヲ順番、名稱金額、利息、期限、抵當ノ事由、登記日付、債主、負債者、變更（又之ヲ登記ト取消トニ分ツ）取消ノ數欄ニ分チ丙區ヲ順番、執行上抵當ノ事由、記入日付、取消ノ數欄ニ分ツヲ云フ

賣買讓與等○○○○　等ノ文字ハ抵當物引取リニ依テ所有權ヲ得タルヿ又ハ家屋ヲ新築シタルヿ又ハ期滿効ニ因リ所有權ヲ得タルヿ（現今未タ其場合ナケレ圧）ノ類ヲ指ス

抵當○○　抵當ニハ三種アリ法律上ノ抵當、契約上ノ抵當、執行上ノ抵當是ナリ而メ執行上ノ抵當ハ丙區ニ之ヲ掲ク故ニ乙區ニハ他ノ二種ヲ記載スヘキ所ナリ然ルニ現今ニ於テハ未タ法律上

當然ニ書入權ヲ得ルノ成規ナキモ他日其事ノ制定アリテ例ヘハ後見人ト爲ルトキハ其財產ハ幼者ニ對スル書入トナル等ノ法ヲ設ケラレタルトキハ此區中ニ之ヲ記スヘキモノナリ

〔登記簿ノ式〕

物件番號	第　　　　號　　第
	物
	取

登記簿　丁　登記所

件	
消	

順番	所有者	登記ノ事
第　　番		
第　　番		
第　　番		
第　　番		

第　　　號

第甲區

由	價格	登記日付	權利移付者	取消
		年 月 日		
		年 月 日		
		年 月 日		
		年 月 日		

登記簿　丁　登記所

第　　　　號

順番	名稱金額	利息	期限	抵當ノ事由	登記日付	債主
第　番			年　月　日		年　月　日	
第　番			年　月　日		年　月　日	
第　番			年　月　日		年　月　日	
第　番			年　月　日		年　月　日	

登記簿　丁　登記所

第乙		
負債者	變更	
	登記	取消

區	第　號				第　丙區
取消	順番	名稱金額	執行上抵當ノ事由	記入日付	取消
	第　番			年　月　日	
	第　番			年　月　日	
	第　番			年　月　日	
	第　番			年　月　日	

登記ノ通則　登記簿一用紙ノ全体ニ關スル登記ノ体裁ハ左ノ式ニ準スヘシ

甲區		乙區		丙區	
第壹番	甲某	第壹番	書入	第　番	
第　番		第貳番	書入	第　番	
第貳番	乙某	第　番		第壹番	差押
第參番	丙某	第參番	質入	第　番	

閲覧ニ便ナル爲メ登記簿中ノ要部ノミヲ畧寫シタリ以下畧圖ヲ掲クルモノ皆此例ナリ

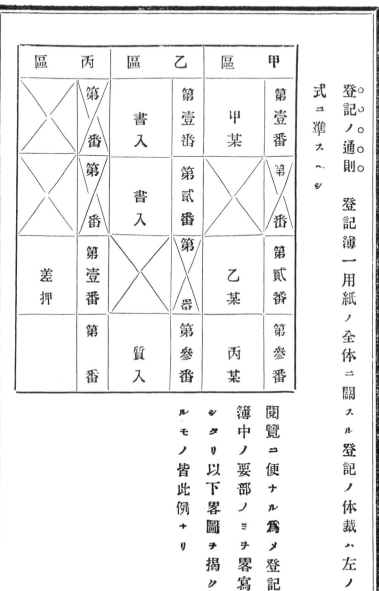

説明　右ノ例ノ如ク甲某ノ所有中ニ二度ノ書入ヲ登記セリ故ニ甲區ノ第二劃ニ乙某ヲ登記スルトキハ第二番ノ書入ヲ乙某ノ書入タルカ如キ錯雜ヲ生ス因テ甲區ノ第二劃ヲ抹却シ乙某ヲ第三劃ニ登記ス而メ乙某ノ所有中ニ差押ヲ受ケタリ然ルニ之ヲ丙區ノ第一劃ニ登記スルトキハ甲某ノ所有中ニ差押ラレタルカ如キ錯雜ヲ生ス故ニ丙區ノ第一劃第二劃ヲ抹却シ其差押ハ第三劃ニ登記ス而メ丙某ノ所有ト爲リタル後質入アリタルトキモ亦乙區ノ第三劃ニ登記スルトキハ錯雜ヲ生スルヲ以テ其第三劃ヲ抹却シ第四劃ニ登記スヘキモノナリ

欄内ノ抹却　欄内ニ×線ヲ施スニハ左ノ三原則三例外ニ注意スヘシ其他ハ一概ニ定メ難シ宜ク記載スヘキ事柄ナキヿヲ確認（質入ニ付テ利息ノ欄ヲ抹却スルカ如シ）シタル上之ヲ抹却スヘシ

第一原則　乙區又ハ丙區ニ登記ヲ爲シタル時ハ甲區中同段ノ横線ニ當ル各欄ハ之ヲ抹却スヘシ

例外、甲區ノ取消欄ハ其同段ノ線内ニ所有者ノ登記アラハ（縦令其氏名ニ朱線ヲ施シアルトキト雖モ）決シテ之ヲ抹却スヘカラス（法第十條ノ登記例ノ終リニ於テ附言セシ所ヲ參照スヘシ）

第二原則　甲區ニ登記ヲ爲シタル時ハ乙區丙區中其登記ト同段ノ横線ニ當ル所ヨリ上段ノ欄内ニ空欄アラハ之ヲ抹却スヘシ

例外、乙區又ハ丙區ニ抵當ノ登記アリテ未タ取消ノ記載ナキ時ハ左ノ各欄ヲ抹却スヘカラス

一同段ナル横線内ノ余白（變更取消ヲ登記スルニ備フルナリ）

二同段ノ横線ヨリ下方ニ當ル變更欄内ノ余白（再度ノ變更アル時ニ備フルナリ）

第三原則　區劃流用（第二圖參照）ヲ爲シタル𪜈ハ同區內ニテ流用セラレタル欄ト同段ノ横線ニ當ル所ノ空欄ハ之ヲ抹却スヘシ

例外、變更及其取消ノ欄ハ之ヲ抹却スヘカラス（再度ノ變更ニ備フルナリ）

右ノ規則ニ依リ×線ヲ施スヘキノ例ハ左圖ニ付テ之ヲ了解スヘシ即チ（壹）ヨリ（四）ニ至ルマテノ登記ニ付テハ右ノ規則ヲ用フル場合ナク（五）ノ登記ニ至リ始メテ第一原則ヲ用ヒ（六）（七）ノ抹却ヲ爲シタルナリ余ハ推テ知ルヘニ

第壹圖

甲區		乙區			丙區	
登記	取消	登記	變更	取消	記入	取消
(壹)登記		(四)登記	~~(九)~~	(八)取消	(貳)記入	(三)取消
~~(六)~~	~~(七)~~	(五)登記	~~(十九)~~	(十八)取消	~~(十一)~~	~~(十二)~~
(十)登記		~~(十四)~~	~~(二十)~~	~~(十五)~~	~~(十六)~~	~~(十七)~~
(十三)登記		(二十一)登記				

區劃流用　登記スヘキ人名多數ナルカ又ハ登記事由長文ヲ要

スル等ノ爲メ一欄內ニ登記シ能ハスト思考スル時ハ左圖ノ如ク活用スヘシ〔乙區丙區準之〕

第貳圖

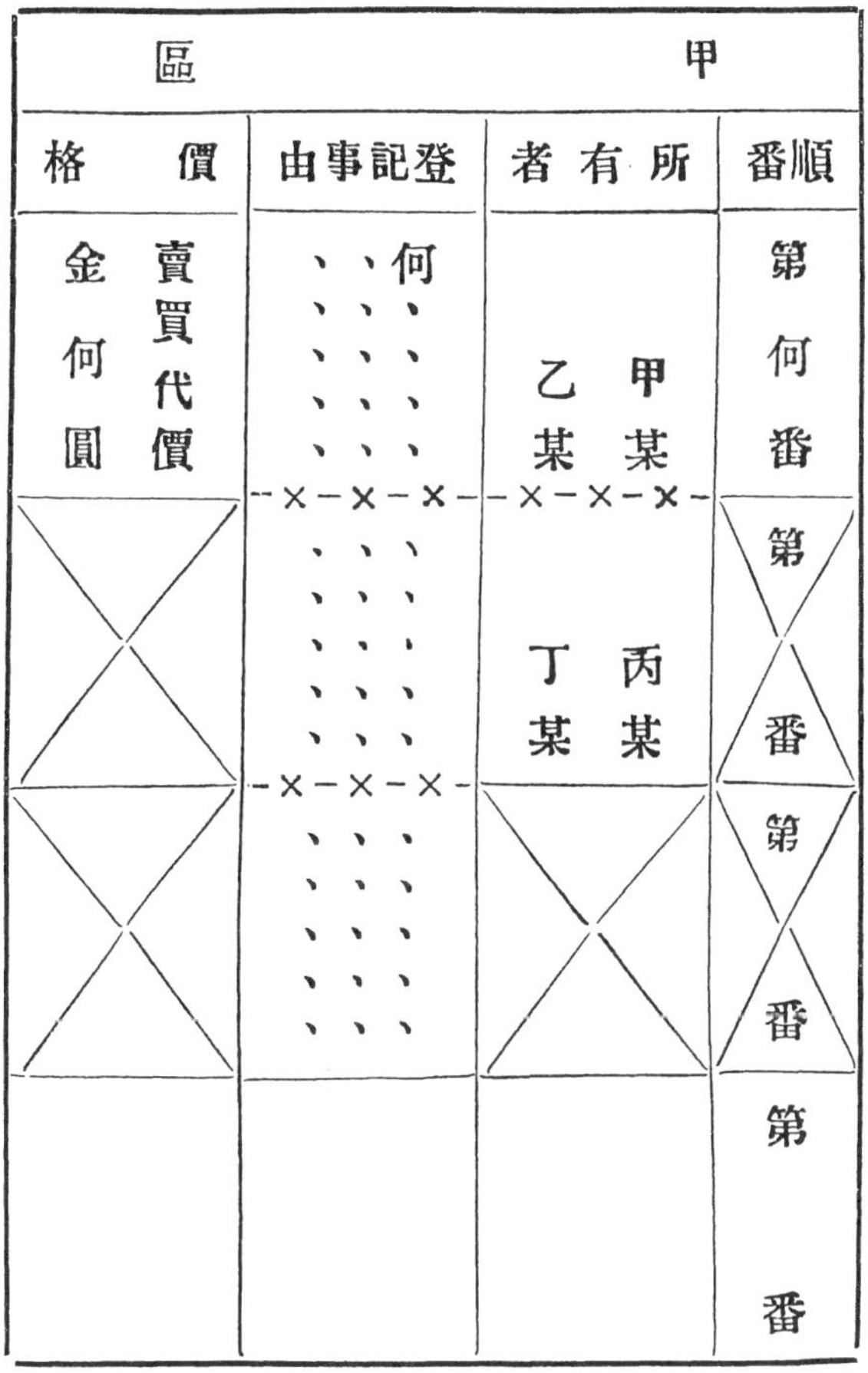

數回ノ變更　數回ノ變更アリタル時ハ左ノ如ク活用スヘシ

第三圖

乙區		
順番	登記	變更
第何番	書入	延期
		再延期（第二番ノ次ヘ續ク）
第何番	二番書入	
		再々延期（第一番ノ續キ）

錯誤　錯誤ニ因リ×線ヲ施ス可カラサル欄内ニ之ヲ施シタルトキハ其×線ニ更ニ又朱ヲ以テ×線ヲ施シ登記ヲ爲ス可シ

抹却ノ注意　凡ソ順番ヲ付スヘキ欄ヲ抹却シ置クトキハ其欄ハ己ニ登記シ得サルヲ以テ事務繁忙ノ際ニ於テハ先ツ此欄ノミ

ヲ抹却シ置キ事務ノ閑ヲ待テ徐ムロニ各欄ノ抹却ヲ爲スヲ可トス（登記簿實用）

署。名。　登記簿甲。區。中所有者ノ欄ハ買受人讓受人（規第十條及ヒ第十九條ノ場合ニ於テハ現所有者又ハ其後見人若クハ代人タ）シテ署名捺印セシムル所ニシテ權利移付者ノ欄ハ賣渡人、讓渡人又ハ其後見人若クハ代人ヲシテ署名捺印セシムルノ所トス故ニ法第十五條第二項及ヒ規第十條第十九條ノ場合ニ於テハ×線ヲ施スヘク法第十六條ヨリ第十九條マテノ場合ニハ登記官ニ於テ權利移付者ノ住所氏名ヲ記シ置クヘキモノトス

朱。抹。　登記簿甲。區。中所有者ノ氏名ハ其所有者カ權利移付者トナリ又ハ其所有權ノ取消ヲ受ケタル毎ニ之ヲ朱抹スヘク乙區丙。區。中抵當ノ名稱及ヒ債主負債主ノ氏名ハ其抵當ヲ取消シタ

ル每ニ之ヲ朱抹スヘキモノトス
朱抹ヲ爲スニハ其文字ノ傍ニ朱線ヲ施シ文字ヲシテ讀得ヘカラシムルヲ要ス

順番 登記簿ノ各區中順番ノ欄ハ所有者又ハ抵當ヲ登記シタルノ順番ヲ記スルノ所トス但此順番ハ單ニ之ノミニ依リテ權利ノ優劣ヲ定メ難キ場合アリ(規第二十條ノ注意參照)

丁數 丁數ハ一冊每ニ紙數ヲ逐フテ之ヲ付ス例ヘハ百枚綴ノ登記簿ニ付テハ一丁ヨリ百丁ニ至ルノ類ナリ
規第二條第二項但書ニ依リ合冊セシ場合ニ於テハ各町村每ニ丁數ヲ各別ニ付スルヲ可トス

第四條 登記簿ハ登記所ノ請求ニ因リ始審裁判所長之ヲ渡スモノトス

登記所ハ凡ソ一年間用フヘキ登記簿ノ冊數及ヒ各冊ノ枚數ヲ見積リ豫メ前項ノ請求ヲ爲スヘシ

〔解〕一年間　一號ノ用紙ハ三枚ヲ以テ一組トスル故例ヘハ三十枚綴ノ登記簿ニハ十號マテノ物件ヲ登記スルコトヲ得ヘシ故ニ一年間ニ於テ新タニ番號ヲ起スヘキ事件百件アルヘシト思料スルトキハ百枚綴ノ帳簿三冊ノ下付ヲ請求スルノ類ナリ但百件ト見積リタルニ其一年中ニ登記九十件ナリシトキハ翌年モ引續キ其殘紙ニ登記シ全用紙ヲ終リタル上翌年下付ノ登記簿ニ登記ヲ始ムヘキモノナリ尤番號ニ至テハ數年間ニ通スヘキハ勿論ナリ

第五條　登記簿ハ始審裁判所長其枚數ヲ表紙ノ裡面ニ記載シテ之ニ氏名ヲ署シ官印ヲ捺シ且毎葉ニ契印ス可シ

（解）契。印。 割印ヲ云フ所長ノ官印ヲ用フルモノナリ

（表紙ノ例）

表面

何國何郡何村 地所登記簿 第何冊　　某登記所

裡面

紙數表紙ヲ除キ何百枚 某始審裁判所長氏名印 割印

表。紙。 表紙ハ厚紙ヲ用フ而メ表面ノ記載ハ之ヲ用フル𬼂ニ臨テ記載スルヲ可トス然ル𬼂ハ其入用ニ應シ地所建物船舶中何レノ登記簿ニモ隨時之ヲ定メ得ルノ便アリ

第。何。冊。 第二冊ヲ設ケタル𬼂ニ至リ第一冊第二冊ト記入スヘ

キモノナリ

第六條　町村ハ分合アリタル場合ニ於テハ登記所ハ其旨ヲ始審裁判所長ニ申告シ更ニ分合セシ町村ニ對スル登記簿ノ下付ヲ受ク可シ

前項ノ場合ニ於テ舊登記簿其他之ニ屬スル帳簿ハ現状ノ儘之ヲ保存シ已ニ登記シアル事件ノ變更取消ハ其登記簿ニ登記ス可シ

〔解〕分合　本條ハ同管內ノ町村ニ分合アリタル場合ヲ定メタルモノナリ

下付ヲ受ク　第四條ノ手續ニ準シ臨時請求スヘキモノナリ

舊登記簿　分合以前ニ用ヒタル登記簿ヲ云フ

現状　新タニ下付セラレタル登記簿ニ寫シ換フル等ノ手續ヲ

爲スコトナク是迄ノ在ノ儘ニテ保存スルヲ云フ

其登記簿　舊登記簿テ云フ現狀ノ儘保存スル故變更取消ハ之ニ記スヘキハ當然ナリ

〔問答〕分合ノ一部他管ニ屬スル場合　此場合ニハ如何スヘキヤ○

左ノ區別ニ從ヒ處分スヘキモノト考フ

一双方ニ分レテ各獨立ノ町村トナリタル時ハ双方ノ登記所ハ其町村ニ對スル登記簿ノ下付ヲ受クヘシ

二双方ニ在ル町村ニ分屬シテ舊町村全ク消滅シタル時ハ其分屬セル町村ニ付テハ管內合村ノ時ト同シク處置スヘシ

三一町村中ノ幾分ヲ割テ他管ノ町村ニ屬セシメタル時ハ原管ニ於テハ右第一ノ例ニ依リ他管ニ於テハ第二ノ例ニ依ル

何レノ場合ニ於テモ舊登記簿ハ如何處分スヘキヤハ本條ニ依

テ論決シ難シ宜ク管轄始審裁判所長ノ指揮ヲ受クヘク所長ハ登記アル事件ノ多寡ニ從ヒ謄本ヲ以テ引繼カシムルカ又ハ登記簿ヲ分裂シテ之ヲ改編シ更ニ契印ヲ爲シテ双方ニ下付スルカノ處分ヲ爲スノ外ナカルヘシ

他管ニ在ル町村ト合併セシ場合

此場合ニハ如何○新ニ之ヲ管轄スル登記所ハ管內合村ノ例ニ從フヘク舊管ノ登記所ハ登記簿等ヲ引繼クヘシ但規第二條但書ニ依リ合冊シアル時ハ分村シテ他管ニ屬シタルトキノ場合ニ同シ

主タル登記

本條ニハ己ニ登記アル物件ニ付キ賣買質入等主タル登記ヲ爲スニ付テノ規定ナシ如何取扱フヘキヤ○規第十二條ノ手續ニ準シ舊登記簿ノ物件ヲ新登記簿ニ轉寫シタル上登記ヲ爲スヘキナリ

（注意）本條ノ成文及ヒ問答ノ部ニ揭ケタル一切ノ場合ハ司法大臣ヨリ管轄區劃改正ノ省令アリタル後ノ處分ナリ其以前ハ從來ノ儘分合等ニ關係ナク引續キ登記ヲ爲スヘキモノトス

第二章　登記手續

第七條　登記所ニ於テハ受付帳ヲ製シ置キ登記ノ出願若クハ請求等ハ順序ニ從ヒ之ニ其受付事件ヲ記載シ番號ヲ付スヘシ

（解）受付帳。登記ヲ請ケタル順序其他一切ノ受付事件ヲ見ルカ爲メニ之ヲ設クルモノナリ法第二十四條ノ場合ニ於テハ尤モ必要アリトス

出願。人民ノ登記請求ヲ云フ裁判所ノ命令ニ依リ出願スルモノ亦此内ニ包含ス

○請求○　法第十八條ニ依リタル官廳ノ登記請求ヲ云フ

○等○　抗告ノ判定書其他一切ノ受付事件ヲ云フ

○順序○　受付タル順序ヲ云フ請求書命令書等ノ日付ニ拘ラサルモノトス

○番號○　一年毎ニ第一號ヨリ始メ記載ノ順序ヲ逐フテ之ヲ付スルモノトス

〔受付帳ノ例〕

明治何年何月何日

〔登記濟〕第何號㊞何々賣買登記願　何某　何某

〔登記濟〕第何號㊞何々買上ケニ付登記ノ請求　何某

〔願下〕第何號㊞何々書入登記願　何某　何某

小計何件

月計何件

〔手續〕事件ヲ受付ケタルトキハ受付帳ニ番號、件名及願人等ノ氏名ヲ記シ而シテ其事件ヲ受取リタル登記官〔書記ノ如キ實際登記ヲ取扱フ者〕番號ノ下ニ小印ヲ捺シ事件ヲ受取リタルコトヲ表ス而シテ登記ヲ了レハ登記官〔書記等〕名刺ニ登記濟又ハ願下等ノ區別ヲ朱記シ受付掛ニ付ス受付掛ハ受付帳ニ登記濟、願下等ノ區別ヲ押印又ハ記入シ名刺ニ認印シテ登記官ニ返付スルモノトス又受付件數ハ毎日小計ヲ付シ毎月末ニ月計ヲ付シ毎年末ニ年計ヲ付スヘキモノトス

第八條　登記官ハ受付番號ノ順次ニ從ヒ願人ヲ取調ヘ又ハ請求書等ヲ審査シ且登記簿ニ就キ本人ノ所有物件ナルコトヲ確認シ仍ホ質入書入又ハ差押差留等ノ記入ノ有無ヲ調査シ若シ是等ノ登記アルトキハ

之ヲ本人ニ示シタル上登記ノ手續ヲ爲ス可シ

登記官ハ登記ヲ爲ス前本人ノ印影ヲ撿シ區戸長ノ證明アル印鑑ト符合スルニ非サレハ登記ヲ爲ス可カラス

〔參照〕法第八條

〔解〕取調　法第七條ノ概目ヲ審査シ其他証書ヲ撿シ及ヒ証明書印鑑等ヲ取調フルヲ云フ

請求書等　官有物ノ登記請求書其他抗告ノ判定ニ係ルトキハ其判定書等ヲ指スモノナリ

審査　法第七條ノ概目其他本人ノ出頭ヲ要セサル事件ナルヤ否ヤ等ヲ取調フルヲ云フ

登記簿ニ就キ　本條ハ己ニ物件ノ登記アル場合ノ手續ヲ定メ

タルモノナレハ賣主又ハ書入人ハ所有者トシテ己ニ登記アルモノト符合スルヤ又ハ差押ヲ受クル本人ハ所有者トシテ登記アルヤヲ取調アルノ謂ナリ

本人ノ所有物件　本人トハ賣主讓渡人又ハ書入質入人若クハ差押ラレ人等ヲ云フ

確認　右ノ取調ヲ爲シ果シテ所有者タルヿノ符合セシヿヲ見認ルヲ云フ

登記アル𪜈　登記ノ現存シテ未タ取消シアラサルヲ云フ

本人ニ示シ　本人トハ買受人讓受人又ハ質取人書入取人及ヒ差押人等ヲ云フ是等ノ者ヲシテ質入等ヲ了知セル者ヲ申出シメ之ヲ登記事由中ニ付記スルカ爲メナリ（法第七條ノ第十、法第十四條ノ第二項、法第二十二條）

登記ノ手續ヲ爲ス　假處分ニ由リ賣買、質入又ハ書入ヲ禁止スル旨ノ記入アルニ拘ラス賣買等ヲ登記スヘシト云フカ如キ意ニアラサルナリ然レ𪜈差留假差留及ヒ収益差押ノ場合ニ於テハ一切ノ登記ヲ爲スモ妨ケナキモノナリ但差留假差留ヲ受ケタル書入質入ノ取消ヲ登記スヘカラサルハ勿論ナリ又差押假差押ヲ記入アル時ト雖モ之ヲ了知シタル旨ヲ申立登記ヲ請フニ於テハ其旨ヲ明記シテ他ノ登記ヲ爲スハ差支ナキモノナリ」

本人ノ印影　本人トハ登記簿ニ捺印スヘキ一切ノ者ヲ云フ

〔注意〕登記ヲ爲スノ前ニハ必ス登記料又ハ手數料ヲ収納スヘキモノトス

〔問答〕賣買又ハ質入等ノ契約ヲ爲シ若クハ公賣ニ入札ヲ爲スノ際ニ於テ抵當若クハ買戻等ノ登記アルヿヲ知ラサリシ旨ヲ申立

其事ヲ了知セル旨ノ登記ヲ受ルヿヲ拒ム者アル片ノ處分如何
○己ニ登記法アル以上ハ登記簿一覽ヲ請ハスシテ契約又ハ入札ヲ爲シタルハ其者ノ疎漏ナリ而シテ登記簿ヲ示サレタル上ハ即チ其事ヲ了知シタルモノアリ然ルニ尙ホ苦情ヲ申立ルニ於テハ登記ヲ爲サヽルノミナリ

〔手續〕法第八條ノ手續ノ部ニ詳カナリ

〔登記例〕法第七條及法第十四條以下ニ之ヲ掲ケタリ

第九條　登記簿ニ未タ登記セサル地所建物船舶ニ付キ初メテ登記ヲ爲ス場合ニ於テ治安裁判所及郡役所ニアル登記所ハ地券鑑札及ヒ所管ノ公簿並ニ登記法第四十條ニ記載スル証書ニ依リ戸長役場ニアル登記所ハ地券鑑札及ヒ所管ノ公簿並ニ其戸長役

場ハ公簿若クハ登記法第四十條ニ記載スル証書ニ依リ物件ノ所有者ヲ確認シ其物件ニ故障ナキニ於テハ先ツ登記簿表題ノ部ニ其物件ヲ記載シ所有者ヲシテ之ニ認印セシメタル上各區ニ登記ノ手續ヲ爲ス可シ

〔參照〕令第四條、法第四十條

〔解〕初メテ　登記簿表題ノ部ニ物件ヲ記載スルニアラサレハ出願事件ノ登記ヲ爲シ難キ場合ナルトキハ之ヲ初メテノ登記ト云フ」

所管ノ公簿　登記見出帳ニ依リ其物件ハ既ニ他人ノ所有トシテ登記アルニアラサルカ又ハ舊公証帳簿ニ就キ書入質入中ニハアラサルカ若クハ公証猶豫願ノ書類ニ就キ公証猶豫ノ願アルニアラサルカヲ取調フルノ類ヲ云フ

其戸長役場ノ公簿　登記所ヲ置カレタル戸長役場ニテハ法第四十條ノ證書ヲ自ラ作リテ自ラ撿スルニ及ハス地劵臺帳等ヲ捜査スヘキヲ云フ
故障　公證猶豫願中ナルノ類ヲ云フ
認印　所有者ヲシテ物件名ノ下ニ實印ヲ捺サシムルヲ云フ但此所有者トハ賣買讓與ノ場合ニ於テハ賣主讓渡主ヲ云フ
物件ヲ記載シ　法第七條ノ第一第二第三又ハ第四ニ掲ケタル件目ヲ同條ノ登記例第一第二第三又ハ第四ニ示シタル例ニ從フテ記載スルヲ云フ
各區云々　甲乙丙ノ三區ヲ云フ先ツ表題ノ區ニ法第七條ニ於テ示シタル登記例ニ從ヒ登記ヲ爲シタル上賣買等ノ登記手續ニ取掛ルヘキヲ云フ

〔注意〕右ノ解中ニ公證猶豫願ノコヲ掲ケタリ此願ハ登記法施行後ニハ非サルモノナレ𪜈施行以前ノ出願ハ施行後ニ至テモ其効アルモノナリ〔明治十九年司法省告示第七號參照〕

〔問答〕認印　法第十五條第二項ヨリ第十八條迄ノ場合ニ於テハ物件ニ認印スヘキ所有者出頭セス故ニ認印ヲ要セサルヤ○第十八條ノ場合ニ於テハ登記官之ニ認印シ其他ハ登記請求者ヲシテ之ニ認印セシムヘシ

登記料　表題ノ部ニ物件ヲ登記スルニ付テハ無料ナリヤ○如何ナル場合ニ於テモ此部中ノ記載又ハ變更取消ヲ爲スニハ無料ナリ

第十條　抵當ヲ登記スル場合ニ於テ未タ物件及ヒ所有者ノ登記アラサルトキハ前條ノ手續ヲ爲シタル上

甲區中登記事由ノ欄內ニ書入若クハ質入ノ登記出願ニ付何々ノ証書地券鑑札及ヒ登記法第四十條ニ記載セシ証書ヲ云フ及ヒ何々ノ公簿前條ノ公簿ヲ云フニ依リ記載セシ旨ヲ記シ負債者即チ物件ノ所有者ヲシテ所有者ノ欄內ニ署名捺印セシメタル上乙區中ニ出願事件ノ登記ヲ為ス可シ」執行上ノ抵當ヲ記入スル場合ニ於テ未タ所有者ノ登記アラサルヰハ登記官ニ於テ前條及ヒ本條前項ノ手續ヲ為シ物件及ヒ所有者ノ氏名ヲ記載シ其傍ニ認印シタル上丙區中ニ命令事件ノ記入ヲ為ス可シ但後日其物件ニ關シ所有者ヨリ他ノ登記ヲ出願シタルヰハ所有者ヲシテ物件ニ認印シ及ヒ其氏名ノ下ニ捺印セシム可シ

〔解〕抵當。質入書入ヲ云フ執行上ノ抵當ハ第二項ノ手續ニ依ル

前條ノ手續。所有者ヲ確認シ物件ニ故障ナキニ於テハ物件ヲ記載シ所有者〔本條ニテハ質入人書入人〕ニ認印セシムルヲ云フ」

出願事件。書入又ハ質入ヲ登記スルヲ云フ其記載方ハ通常ノ場合ニ同シケレハ法第二十一條ニ掲ケタル書式ニ依リ之ヲ記載スヘシ

執行上ノ抵當。差押、假差押、差留、假差留、假處分及ヒ收益差押ヲ云フ

前條及ヒ本條前項ノ手續。先ツ所有者ヲ確認シ表題部中ニ物件ヲ記載シ次ニ甲區中登記事由ノ欄內ニ差押又ハ何々ノ記入出願ニ付何々ノ証書及ヒ何々ノ公簿ニ依リ記載セシ旨ヲ記シ且ツ所有者ノ欄內ニモ登記官ニ於テ所有者〔則チ差押等ヲ受ク

ル者）ノ住所氏名ヲ記載スルヲ云フ
其側ニ認印シ　所有者ノ名ノ側及ヒ物件名ノ側ニ認印スルヲ云フ
命令事件　差押等ヲ云フ是等ノ請求ハ必ス裁判所ノ命令書ヲ持參シテ之ヲ爲スヘキモノニ付命令事件ト稱スルナリ
所有者　差押等ヲ受ケタル者ヲ指ス然レ𪜈差押ノ爲メ糶賣ト爲リ糶落人ヨリ所有權ノ登記ヲ出願スル𬼀ノ如キハ原所有者ハ出頭セス故ニ登記願人（糶落人ナリ）ヲシテ物件名ノ下ニ認印セシムヘキモノナリ
他ノ登記　賣買讓與質入書入ノ登記ヲ云フ
認印　物件名ノ下ニ實印ヲ押サシムルヲ云フ
其氏名　登記官ニテ先キニ記シテ其側ニ認印ヲ爲シ置キタル

所ノ氏名（即チ差押等ヲ受クル者ノ氏名）ナリ

（問答）甲區ノ登記　甲區ニ登記ヲ爲スハ何ノ爲メナルヤ○物件ノ所有者ヲ明示スルカ爲メナリ若シ此記載ナキ𪜈ハ本項第二項ノ場合ニ於テハ物件ノ所有者ハ全ク見ルヲ得サルヘシ

權利移付者　權利移付者及ヒ價格ノ欄ハ抹却スヘキヤ○然リ」

其氏名　法第十五條第二項ヨリ第十九條マテノ場合ニ於テハ原所有者出頭セス故ニ其氏名ノ下ニハ捺印セシムル能ハス故ニ此場合ニ於テハ如何スヘキヤ○現在ノ儘無印ニテ差置クヘシ

登記料　本條ノ場合ニ於テハ質入書入又ハ差押等ノ登記料ヲ收ムルニ止リ甲區ノ登記ニ付テハ無料ナルハ勿論ナルヘシ○然リ

〔登記例〕甲區ノ登記

順番	所有者	登記ノ事由	價格	登記日付	權利移付者
第何番	住所 何某 (登記官認印セシ例)印	書入ノ登記出願ニ付明治何年何月何日付某村戸長ノ證明書ニ依リ登記ス 某郡長 何 某印		明治何年何月何日	

第十一條　登記物件ノ番號ハ初メテ其物件ヲ記載ス

ハ毎ニ出願若クハ請求ノ順序ニ從ヒ之ヲ附スルモノトス但其番號ハ町村毎ニ之ヲ區別シ仍ホ地所建物船舶ヲ區別シテ之ヲ附ス可シ
同時ニ登記ヲ求メ且ツ同一ノ所有者ニ屬スル同種類ノ物件ハ同町村内ニ在リテ且合錄ノ爲メ混雜ヲ生スルノ憂ナキニ於テハ之ヲ同番號中ニ記載ス可シ若シ其物件多數ニシテ同番號中ニ記載スル能ハサル𪜈ハ所有者ノ意見ヲ聽キ便宜分割シテ之ヲ次ノ番號中ニ記載スルヿヲ得

（解）物件番號　物件ノ番號ハ數筆ノ地所又ハ數艘ノ船ヲ合載シタルニ拘ハラス一用紙毎ニ之ヲ付ス且一用紙中ニハ表題ト甲乙丙トノ三區ト都合四箇所ニ同番號ヲ記入シ搜索ヲ便ニスルモ

ノトス〔番號ノ左ニ第一第二ノ字ヲ記入スルヿニ付テハ規第二十六條ニ依リ了解スヘシ〕

○○○○○○○物件ヲ記載スル毎ニ　表題ノ部ニ物件ヲ記載スル時ニ番號ヲ付スヘク甲乙丙ノ三區ニハ幾回ノ登記ヲ爲スモ番號ニ影響ヲ及サヽルヲ云フ

○○順序　出願請求ノ順序ヲ追フテ登記ヲ爲スヘク隨テ登記ノ順序即チ用紙ノ順次ニ從ヒ番號ヲ數フヘキヲ云フナリ

○○區別　甲村ト乙村ノ登記簿ノ番號若クハ地所建物船舶ノ登記ノ番號ヲ混淆スルヿナク各村各種ノ登記簿毎ニ番號ヲ別々ニスヘキヲ云フナリ但此番號ハ年度冊數等ニハ拘ハラサルモノナリ例ヘハ地所ノ第一冊ノ番號百號ニ止ル時ハ第二冊ヲ百壹號ヨリ之ヲ起スヘキノ類ナリ

○○同時　二件以上ヲ同時ニ請求スルヿ(例ヘハ二月一日ノ賣買ト二日ノ讓與ノ如キ)ヲ云フニアラス一件ヲ兩度以上ニ分タサルヿ(兩度ニ分ツトハ例ヘハ一ノ賣買ノ半部ヲ昨日登記シ殘リ半部ヲ今日登記スルノ類)ヲ云フナリ

○同一○○○○ノ所有者○　原ノ所有者幷ニ現時ノ所有者(賣主讓主ハ原所有者ナリ買主讓受主ハ現時ノ所有者ナリ)双方共同一ノ人タルヿヲ云フ一方ノミ同一ナルノミニテハ足レリトセス但質入書入ノ時ハ格別ナリ

○同○種○類○　地所ト地所、建物ト建物、船舶ト船舶トハ同種類ナリ

○同○町○村○内○　同村カ又ハ同町内ニ在ルヲ云フ

○合○綴○　同番號ノ表題ニ數箇ノ物件(例ヘハ二筆以上ノ地所ノ如シ)ヲ併セテ記スルヲ云フ

混雑 登記ノ不明瞭ニ至ルヲ云フ

同番號 一番號ノ表題中ニ列記スルヲ云フ數用紙ニ同番號ヲ付スルヿハ決テ之ヲ爲スヘカラス

所有者ノ意見 例ヘハ甲地ト乙地トヲ第一號ニ合併シ丙地ヲ第二號ニ登記シ置キタルニ乙地ト丙地トハ往々合併シテ賣買質入等ヲ爲スヘキモノナルトキハ其場合ニ至リ二ケ所ニ登記ヲ爲サヽルヲ得サルノ手數ヲ生ス故ニ甲ヲ獨立ノモノトシ乙丙ヲ連合ノモノトスルヲ便宜ナリトス意見ヲ聽キトハ是等ノヿニ付テ如何ニ分割スルヲ便宜ナリト見込ムカヲ問フノ謂ナリ然レトモ登記官ハ必シモ請求者ノ意見ニ隨フニ及ハス到底至當ト見認ムル方法ニ依テ分割スルヲ得ルモノトス

次ノ番號 甲地ヲ第一號ニ登記シタルトキハ乙地ハ第二號ニ記

スヘキヲ云フ

〔例〕甲乙丙ナル三筆ノ地所ヲ賣買シ而シテ甲地ハ賣主ト買主トノ共有ト約シ乙地ニハ買戻ノ約ヲ付シ丙地ハ年季賣ト爲シタル場合ニ於テ甲地ノ所有者ノ欄ニハ共有者ノ肩書ヲ以テ賣主買主双方ノ名ヲ登記セサルヲ得ス又乙地丙地ニ付テハ買主ノ名ノミヲ掲クヘキモノナリ而メ之ヲ甲區所有者ノ欄第一番ニ共有者ト通常所有者トノ名ヲ掲クレハ即チ不明ヲ生シ又第一番ニ共有者ヲ掲ケ第二番ニ通常所有者ヲ掲クレハ共有者ヨリ通常所有者ニ賣渡シタルカ如キ觀ヲ呈ス共ニ混雜ノ憂アルモノナリ宜ク甲地ノ別番號中ニ掲クヘキナリ又乙地ト丙地トハ之ヲ合錄スルモ右ノ憂ナシ後日買戻等ノコアラハ其事アリシ地所ハ規第十二條ノ手續ヲ爲シテ之ヲ處分スルコヲ得ヘシ是即

ヲ混雜ノ憂ナキモノナリ故ニ此二筆ハ合錄スヘキモノトス

〔摘要〕合錄ノ要件　合錄ヲ爲スニハ左ノ條件ノ具備セシヿヲ必要トス

一同時ニ登記ヲ求ムルヿ

二同一ノ所有者ニ屬スルヿ

三同種類ノ物件ナルヿ

四同村又ハ同町ニ在ルヿ

五合錄ノ爲メ混雜ヲ生スル憂ナキヿ

〔注意〕表題ニ物件ヲ記載スルニハ左ノ注意ヲ爲ス可シ

一一用紙ニハ凡ソ五筆ヲ記シ各物件ノ間ヲ離シ地目變換等記入ノ豫備ヲ爲ス可シ

二物件ハ成ル可ク物件欄内ノ上段ニ記シ規第十二條ニ依リ殘

餘ノ現狀ヲ記スル等ノ用ニ備フ可シ

三物件ハ之ヲ追加ス可カラス追加スレハ多少ハ混雜ヲ生スルナリ

四如何ナル場合ニ於テモ一番號中ノ物件ノ全部ヲ他ノ番號ニ移シテ以テ番號ヲ消滅セシムヘカラス但船舶ノ定繫場更改ノ場合ハ此限ニアラス

〔問答〕追加○○

如何ナル場合ニ於テモ物件ノ記載ハ之ヲ追加スルコヲ得サルヤ○然リ追加スルトキハ必ス混雜ヲ生ス但建物ノ建增ノ如キ原ト登記アル物件ニ附加シテ一箇ノ物件トナリタルトキハ已ムヲ得サルヲ以テ表題中ニ之ヲ追加シ其追加ノ年月日ハ勿論追加ノ事由ヲ詳細ニ付記シ置ク可キナリ

○○價格

一件ノ賣買等ニ係ル物件ヲ分割シテ數番號ニ登錄セシ

キハ其價格ハ如何登記スヘキヤ○規第十二條第三項ノ登記例ニ依ルヘシ

登記料　一件ノ賣買又ハ質入等ニ係ル物件ヲ分割シテ數番號ヲ登記スルモ登記料ニハ影響ヲ及ホサヽルヤ○然リ

第十二條　一番號中ニ登記セシ數物件ヲ分チ又ハ一物件ヲ割テ賣買讓與スルキハ表題部中取消ノ欄内ニ其要領及ヒ第何號ニ移シタルコヲ記載シ分割シタル物件ハ末タ登記ヲ爲サヽル用紙ニ記載シテ新番號ヲ付シ且第何號ヨリ移シタルコヲ付記ス可シ其他ノ手續ハ通常ノ場合ニ同シ

前項ノ場合ニ於テ舊番號中分割セラレタル物件ハ之ヲ朱抹ス可シ若シ一物件ヲ割キタルキハ更ニ殘

餘ハ現狀ヲ記載ス可シ
數番號ニ登記セシ物件ヲ合併シテ賣買讓與スル𪜈ハ各番號中甲區登記事由ノ欄內ニ其旨ヲ明記シテ登記ヲ爲ス可シ

〔參照〕法第七條ノ第九

〔解〕新番號　例ハ分割スル物件ハ第一號ニ登記アリテ而メ其他ノ登記ハ己ニ第十號ニ及フ𪜈ハ第十一號ナル新番號ヲ設ケ之レニ分割セラレタル物件〔裂地ノ一部等〕ヲ轉載スルヲ云フ

舊番號　右ノ例ニテ第一號ナルモノナリ

朱抹　文字ノ右傍ニ朱線ヲ引クヲ云フ

殘餘ノ現狀　分割シテ新番號ニ移シタル殘ノ反別又ハ坪數等ヲ記載スルヲ云フ

其旨ヲ明記シ　第一號ノ物件ト第二號ノ物件トヲ併セテ賣買又ハ讓與シタル旨ヲ登記事由中ニ明記シ其他ハ通常ノ登記ヲ爲スヲ云フ

(問答)代金　數番號ニ登記セシ物件ヲ合併シテ賣買讓與シタル片ハ其代金ハ何レノ番號ニ登記スルヤ○各番號ノ價格欄內ニ合金高ヲ記シ之ニ第何號トノ合高タルコヲ付記スヘシ

分割　第一號ノ地所ノ一部ト第二號ノ地所ノ一部トヲ合セテ賣買セシ片ハ如何スヘキヤ○第一號ト第二號ニ付テハ各號トモ本條第一項上半段ニ記載アル手續ヲ爲シ新番號ノ所ニハ之ヲ合錄ニシテ之ニ甲地ハ第一號ヨリ乙地ハ第二號ヨリ移シタルコヲ明記スヘシ己ニ登記アル物件ノ一部ト未タ登記ナキ物件トヲ合併シテ賣買シタル時亦之ニ準スヘシ

○○○登記料　數番號ニ登記アル物件ヲ合併シテ賣買スルモ之ヲ一件トシ合計代金ニ相當スル登記料ヲ徴スルヤ○然リ登記料ハ一切番號ニ關係ナキモノナリ

〔登記料〕分割

物件

何郡何村字何
何番地
一宅地何反何畝步㊞
地價何圓
明治何年何月何日改
治安裁判所判事何某㊞

何村字何
何番地
一宅地何畝步㊞

取消

何村何番地
宅地何反何畝步ノ內
一宅地何反何畝步㊞
右裂地ノ上何某ヨリ何某ヘ賣渡シタルニ付第何號ヘ移ス
明治何年何月何日
治安裁判所判事何某㊞

第十三條　一番號中ノ物件ヲ分割シテ質入書入ト爲

物	件
何郡何村字何 何番地 一宅地何反何畝歩㊞ 明治何年何月何日 第一號ヨリ裂地ニ付キ記ス 治安裁判所判事何某㊞	

分割

甲					區	
登	記	ノ	事	由	價	格
何村第何號ノ田地何反何畝歩 ト合併シテ之ヲ買取タリ 右明治何年何月何日付賣買証 書ニ依リ登記ス 治安裁判所判事何某㊞					賣買代價 金何圓 但第何號第何番ト合併高	

合併

シ若クハ差押差留等ト爲ス𪜈ハ乙區若クハ丙區ノ
抵當事由欄内ニ何々ノ物件ヲ質入書入若クハ差押
差留等ト爲シタルヿヲ明記シテ登記ヲ爲ス可シ
數番號ニ属スル物件ヲ合併シテ質入書入ト爲ス𪜈
ハ各番號中乙區抵當事由ノ欄内ニ其旨ヲ明記シテ
登記ヲ爲ス可シ

〔參照〕法第七條ノ第九

〔問答〕分割○抵當ノ爲メノ分割ニ付テハ規第十二條第一項ノ手續ヲ爲スヘカラサルカ○決シテ爲スヘカラス

〔適用〕本條第二項ノ規則ハ差押等ノ場合ニモ亦之ニ準スヘキモノナリ

抵當ノ事由
本號ノ地所ノ內何番地ノ畑地ト第何號何番地ノ宅地ノ內何百何十坪ヲ合併シテ前記金額ノ書入ト爲シタリ 右明治何年何月何日付ノ書入証書ニ依リ登記ス 治安裁判所判事何某㊞

第十四條　質入書入ト爲リタル物件ヲ賣買讓與スルトキハ甲區登記事由欄內ニ買受人讓受人ニ於テ其質入書入中ニ係ルヿヲ了知セル旨ヲ明記シテ登記ヲ爲スヘシ

登記法第二十二條ノ場合ニ於テモ亦前項ノ例ニ準據スヘシ

〔參照〕法第二十二條　貳番已後ノ質入書入ヲ爲ス場合

〔登記例〕

賣買。。（讓與）

登記ノ事由
明治何年何月何日付ノ賣買（讓與）証書ニ依リ登記ス 但買受人（讓受人）ニ於テ此地所ハ書入中ニ係ル事ヲ了知ス 治安裁判所判事何某㊞

抵當ヲ取消タルトキニ至リ式ノ如ク字側ニ朱線ヲ施スヘキモノトス

質入（書入）

抵當ノ事由
明治何年何月何日付質入（書入）証書ニ依リ登記ス 但債主ニ於テ此地所ハ書入（質入）中ニ係ルヿヲ了知ス 治安裁判所判事何某㊞

第十五條　物件ヲ分割シテ賣買讓與スル爲メ第十二條ノ手續ヲ爲ス場合ニ於テ新ニ番號ニ付スヘキ物件已ニ舊番號ノ物件ト共ニ書入質入ト爲リタルモ

ノナル𪜈ハ新番號ノ表題部中物件ヲ記載シタル側ニ第何號舊番號ヲ云フノ物件ト連帶シテ抵當物トナリタルモノナルヿヲ付記ス可シ

其抵當ヲ取消タル場合ニ於テハ前項ノ付記ヲ朱抹ス可シ

〔解〕第十二條　分割セル物件ヲ轉寫シ新番號ヲ付スル場合ヲ云フ

新ニ番號ヲ附スヘキ物件　分割シテ舊番號ヨリ新番號ニ移ス所ノ物件ヲ指ス

舊番號云々　書入質入中ノ物件ヲ賣買セシ場合ヲ云フ

連帶　分割セシ甲ノ部分モ乙ノ部分モ共ニ抵當義務ヲ負ヒ何レニ對シテモ全部ノ抵當權ヲ行ヒ得ヘキヿヲ云フ

〔問答〕連帶　別段ニ債主ヨリ約定ヲ爲サヽル𪜈ハ分割セシ物件ハ

常ニ連帶ノ抵當物ナリヤ○然リ

特約。若シ債主ト約シテ甲又ハ乙ノ一部ノミニ抵當義務ヲ負ハシムルコト爲シ又ハ双方ニ折半シテ抵當義務ヲ負ハシムルコト爲シタル時ハ如何登記スヘキヤ○左ノ區別ニ從フヘシ

一　舊番號ノ部分ノミニ抵當義務ヲ負ハシメタル𪜈ハ舊番號ノ乙區中變更欄內ニ其旨ヲ記載シ新番號中ニハ別ニ記載ヲ爲スヲ要セス

二　新番號ノ部分ノミニ義務ヲ負ハシメタル𪜈ハ舊番號乙區ノ取消欄內ニ其旨ヲ記載シテ登記ヲ取消シ新番號ノ乙區ニハ規第二十條第二項ニ準シテ抵當及ヒ變更ノ登記ヲ爲スヘシ但以上ノ事由ヲ抵當事由ノ欄內ニ明記スルヲ要ス

三　抵當權ヲ分割シタル場合ニ於テハ舊番號乙區ノ變更欄內

ニ其旨ヲ登記シ又新番號ニハ第二ノ塲合ニ準シ登記ヲ爲スヘシ」

舊公証　舊公証ニ由リ買入書入ト爲リタル物件ヲ初メテ登記簿ノ表題ニ記載スル時モ本條ニ準シ物件ノ側ニ其旨ヲ付記ス可キヤ○然リ

〔登記例〕

物件
何郡何村字何何番地 一田何反歩 地價金何圓 明治何年何月何日第何號 ヨリ裂地ニ付キ記ス 但第何號第何番ニ於テ何番地ノ田地ト連帶シテ書入ト爲リタルモノナリ 某郡長何某㊞

第十六條　質入書入ハ權ヲ賣買讓與シ相續ノ場合ヲ除ク又ハ他人ニ於テ負債者ノ負債ヲ辨濟シテ債主ノ權ニ代ル等抵當權ノ他人ニ移リタル場合ニ於テ負債者承諾ノ上登記ヲ出願シタルトキハ之ヲ乙區變更ノ欄內ニ登記ス可シ

質入書入ノ債主負債者ト協議ノ上抵當物件ヲ引取リ所有者ト爲リタル場合ニ於テハ乙區抵當取消ノ欄內及ヒ甲區登記事由ノ欄內ニ其要旨ヲ登記ス可シ

(解)他人。　數人ノ債主中ノ一人ニ賣買讓與シ又ハ保証人ニ於テ負債ヲ代償スルニ由リ債主ノ權ニ代ル等質入書入ニ關係アルモノ、所爲モ亦本條ニ準スヘキハ勿論ナレトモ此場合ニハ負債者ノ承諾ハ必要ナラサルヘシ何トナレハ他人ニアラサレハナリ」

承諾　權利ノ賣買讓與ハ負債者承諾ノ上証書ヲ書換フヘキ規則ナル故此明文アルナラン（明治九年第九十九號布告參照）

權利ノ賣買　甲者一番ノ書入ヲ登記シ乙者二番ノ書入ヲ登記セル場合ニ於テ丙者亦書入ノ約定ヲ爲シ之ヲ登記スルトキハ三番ノ順ニ列スヘシ然レトモ甲者ノ權利ヲ買取ルトキハ丙者ノ權ハ第一番ノ位置ヲ占ムルモノナリ故ニ第三番ノ順ニ登記セス之ヲ第一番ノ變更ニ登記スルナリ

相續　相續ニ付テハ讓與ノ登記ヲ爲サヽルモ抵當權讓受ケノ效アルヲ以テ此場合ヲ除キタルナリ然レトモ登記ヲ請フニ於テハ固ヨリ登記スルモ妨ケナキモノトス

權ニ代ル　負債者ニ代テ返濟スル者ハ債主ノ權ニ代リ原債主

ノ有セシ抵當權ヲ有スルコヲ得ヘキ者トス抑代權ト賣買トノ差異ハ數點アリト雖其著シキ者ハ賣買ノ時ハ賣主即チ原債主ト負債者トニ對メ共ニ代權ノ効アルモ代濟ノ場合ニ於テハ負債主ニ對シテ抵當權ヲ得ルノミニメ原債主ニ對シテハ代權ノ効ヲ生セサルモノトス詳細ノコハ民法ニ就テ之ヲ見ルヘシ

（注意）權利ノ賣買讓與ト代濟ニ由テ權利ヲ得タルコトノ區別幷ニ抵當物ヲ引取タル場合ト賣買トノ區別トハ權利上ニ大ナル差違アルモノニ付登記官ハ注意シテ此區別ヲ明記スルヲ要ス

（手續）賣買讓與及ヒ代權○○○○○○　變更ノ手數料ヲ徵シタル上變更欄内ニ式ノ如ク登記シ原債主ノ氏名ニ朱線ヲ施スヘシ但抵當權ノ半部ヲ讓與シタル場合ノ如キハ變更ノ事由ニ之ヲ明記スヘクメ而メ原債主ノ氏名ヲ抹却スヘカラス

引取リ　取消ノ手數料ヲ徵シテ取消ノ登記ヲ爲シ書入質入ノ名稱及ヒ債主負債者ノ氏名ニ朱線ヲ施シ又登記料ヲ徵シテ甲區ニ所有者其他ノ登記ヲ爲スヘシ

（問答）引取リ　引取リノ時ノ登記料ハ其時ノ元利合計高ヲ代金ト看做シ之ニ依テ登記料ノ額ヲ定メ及ヒ之ヲ價格ノ欄ニ登記スヘキヤ〇然リ然レ𪜈元利ノ内幾何ヲ捨テ殘金ニ對シテ引取リタル𪜈又ハ上ハ金ヲ拂フタル𪜈ノ如キハ其定メタル代金額ニ依テ登記料ヲ收メ及ヒ價格ノ欄ニ之ヲ記載スヘキハ勿論ナリ若シ元利ノ内ヲ捨テタル名義ヲ以テ登記料ヲ減セント圖ルモノト看認ル𪜈ハ法第三十二條ニ依リ評價ヲ爲サヽルヘカラス

〔登記例〕 讓與

乙區

變更

明治何年何月何日付ノ約定証書ヲ以テ書入權ヲ何某ヘ代金何圓ヲ以テ賣渡シタリ右約定証書ニ依リ登記ス
明治何年何月何日
治安裁判所判事何某㊞
（讓渡人）何某㊞
何國何郡何村何番地
（讓受人）何某㊞
（負債者）何某㊞

引取

乙區
取消
明治何年何月何日付ノ約定 証書ニ依リ何某方ヘ抵當物 ヲ引取リ濟方相成タリ 明治何年何月何日 治安裁判所判事㊞ (引渡人) 何　某㊞ (引取人) 何　某㊞

甲區
登記ノ事由
明治何年何月何日付ノ約定 証書ヲ以テ質入ノ返濟ニ充 ツル爲メ何某方ヘ引取リタ リ 右約定証書ニ依リ登記ス 治安裁判所判事何某㊞

第十七條　質入ヲ變更シテ書入ト爲シ書入ヲ變更シテ質入ト爲シ又ハ利息期限等ヲ變更シタル場合ニ

於テハ之ヲ乙區變更ノ欄内ニ登記スヘシ

〔登記例〕變更

變更
登記
双方協議ノ上質入期限ヲ明治何年何月何日迄延期セリ」右明治何年何月何日付ノ約定証書ニ依リ登記ス 明治何年何月何日 治安裁判所判事何某㊞ (債主)何某㊞ (負債者)何某㊞

變更ノ取消

變更
取消
明治何年何月何日付ノ約定證書ヲ以テ前記期限變更ノ約定ヲ取消シタリ 明治何年何月何日 治安裁判所判事何某㊞ (債主)何某㊞ (負債者)何某㊞

數回ノ變更アリタル𬼀ノ登記例ハ規第三條ニ於テ示シタル圖解ニ依ルヘシ

第十八條　登記法第十五條ノ場合ニ於テ登記ヲ爲スヘキ土地若シ華族世襲財産ナルトキハ地劵及ヒ同第四十條ニ記載スル證書ニ依リ世襲財産タルコトヲ認メ其旨ヲ表題部中物件ハ側ニ記入スヘシ

（解）世襲財産　世襲財産ニ屬スル地所ハ其地劵面ニ必ス其旨ノ記載アルモノナリ建物ニ付テハ特別ノ由緒アルモノニアラサレハ通例ハ世襲財産タルコトナシ船舶ニ至テハ世襲財産ト爲スコトヲ得サルモノナリ（華族世襲財産法）

（適用）永小作權ノ如キハ其權ノ賣買讓與ヲ主トシテ登記スルヲ得サルモノナレ氏若シ其權ノ屬スルコトノ公認セラレタルモノナルトキハ地劵其他ノ證明書ニ依リ本條ノ例ニ準シテ物件ノ側ニ付記シ置クヲ可トス

第十九條　賣買讓與其他ノ方法ニ因リ曾テ地所建物船舶ノ所有權ヲ得タル者其所有權ハ登記ヲ出願スルトキハ第九條ノ例ニ準シ之ヲ登記スヘシ

〔解〕其他ノ方法　海面ニ新田ヲ築キ又ハ建物ヲ新築シ若クハ船舶ヲ新造スル等ノ類ヲ云フ此事件ハ賣買讓與ニアラサレトモ登記ヲ出願スルトキハ登記ヲ爲シテ妨ケナキモノナリ

曾テ　此文字ハ專ラ明治二十年一月三十一日以前ノ賣買等ヲ指スト雖モ二月一日已後ノ賣買等ニシテ登記ヲ請フ迄已ニ幾多ノ時日ヲ經過シ爲メニ登記法ノ正則ヲ履行シ難キ場合ヲモ總テ包含ス但シ此場合ニハ賣買讓與等ノ事由ヲ登記セス後ニ示ス所ノ登記例ノ如ク登記スヘキモノナリ

所有權ノ登記　本條ノ式ニ從テ登記ヲ爲スモノハ契約者一方

ノ出頭ヲ要セス故ニ賣買讓與ノ事ヲ登記セス唯タ所有者タルコヲ登記スルモノナリ

第○九○條○ノ○例○　地劵鑑札及ヒ所管ノ公簿並ニ戸長ノ証明書等ニ依リ所有者タルコヲ確認シ其物件ニ故障ナキニ於テハ登記簿ノ表題ノ部ニ物件ヲ記載シ所有者ヲシテ之ニ認印セシメタル上登記ノ手續ヲ為スヲ云フ但此場合ニ於テノ登記例ハ第十條ニ準シ甲區中登記事由ノ欄内ニ左ニ掲クル例ノ如ク登記ヲ為シ所有者ヲシテ署名捺印セシムルニ止マルモノトス

(問答)登○記○料○　本條ノ場合ニ於テノ登記料ハ如何○相續ニ由テ得タルモノナルコヲ証明シタル片ハ其登記料ヲ納メシムヘク其他ハ讓與ノ登記料ヲ徴スヘキモノナリ

拒○絶○　本條ノ場合ニ於テハ讓與ノ登記料ヲ納メシムルハ法ニ

明文ナシ故ニ請求者ニ於テ之ヲ拒ムトハ如何○本條ノ塲合ニ於テ登記ヲ請ヒ得ヘキヿモ亦法ニ明文ナシ故ニ登記セサルモ所有ノ効ナキニアラス故ニ若シ登記料ノ上納ヲ拒ムニ於テハ登記ヲ爲サヽルナリ

〔登記例〕

所有者	登記ノ事由	價格	登記日付	權利移付者
何國何郡何村何番地 何某㊞	所有權ノ登記ヲ願出タルニ付地劵及ヒ明治何年何月何日付某村戸長ノ証明書ニ依リ登記ス 治安裁判所判事何某㊞		明治何年何月何日	

第二十條　從前ノ公証簿ニ登記セシ書入質入ノ取消ヲ願出タルトキハ手數料ヲ徵收セス舊手續ニ依リ之ヲ終結ス可シ
若シ變更ノ登記ヲ願出タルトキハ第十條ノ例ニ準シ所有者及ヒ原契約ヲ登記シタル上乙區變更ノ欄內ニ其登記ヲ爲ス可シ此場合ニ於テハ變更ノ手數料ヲ徵收ス可キモノトス

〔解〕從前ノ公証簿　與書割印帳、書入質記載帳等、地所書入質入規則、建物書入質、賣買讓渡規則、等ニ依リ調製セシモノニシテ戶長ヨリ登記所ニ引繼キタル公簿ヲ云フ
舊手續　各地方ニ依リ一定ナラス從前ノ公証簿ニ已ニ取消シアル先例ニ從フテ取消ヲ爲スヘキナリ

終結　取消ノ手續ヲ爲スヲ云フ

變更　規第十六條以下ニ記載アル種々ノ變更ヲ云フ

第十條ノ例　甲區ニ所有者及ヒ登記事由ヲ登記シ乙區ニ原契約ヲ登記スルヲ云フ

原契約　從前ノ公証ヲ經タル書入質入ノ契約ナリ

其登記　變更ノ登記ヲ云フ

〔注意〕從前ノ公証事件ハ豫シメ登記簿ニ轉寫シ置ク可キモノニアラス故ニ登記法施行後二番抵當ノ登記ヲ請フモノアルトキハ乙區ノ第一番ニ登記シ而メ登記事由中ニ己ニ抵當トナリ居ルヿヲ了知セル旨ヲ付記スルノミ然ルニ其後本條第二項ノ手續ヲ爲スヘキ時ハ之ヲ第二番ノ欄ニ登記セサルヲ得ス然ラハ其抵當ノ一番權アルヿヲ見ルヘキモノハ順番ニアラスシテ登記事

由ニ在リ是ヲ以テ登記事由ニハ勉テ明瞭詳細ノ記載ヲ爲シ置クノ必要ナルコト順番ハ一概ニ權利ノ優劣ヲ定ムルノ根基ニアラサルコトヲ知ラルヘシ

（問答）賣買　從前ノ賣買ノ公証ノ變更取消ヲ願出タルモノアル時ハ本條ニ準シ處分スヘキヤ○然リ然レ圧此場合ハ實際殆トアラサルヘシ蓋從前ハ買戻等ニ付テ公証ヲ與ヘサル慣例ナリシヲ以テナリ

謄本一覽　從前ノ公証事件ニ付謄本又ハ扱書ヲ請ヒ若クハ公簿ノ一覽ヲ請フ場合ニ於テハ手數料ヲ徵セサルヤ○然リ

謄本扱書ノ式　從前ノ公証簿ノ謄本扱書ヲ作ルニハ別ニ書式ナキヤ○別ニ程式ナシ故ニ拔書用紙ヲ用ヒテ之ヲ作ルヘキナリ

一覽ノ手續　從前ノ公証簿ノ一覽ヲ爲サシムルヿハ規第三十六條ノ手續ニ依ルヘキヤ○然リ

〔登記例〕

〔說明〕乙區中名稱金額利息及ヒ期限ノ日付ハ原契約ヲ寫スモノナリ又登記日付ハ登記簿ニ登記シタル日付ナリ

甲

順番	所有者	登記ノ事由
第何番	何國何郡何村何番地 何某㊞	舊公証ニ係ル書入事件ノ變更出願ニ付地劵及ヒ明治何年何月何日付某村戸長ノ證明書ニ依リ登記ス 治安裁判所判事某㊞

乙

順番	名稱金額	利息	期限	抵
第何番	書入 金何圓	年何分	明治何年何月何日	明治何年第何號ノ公証ヲ以テ前記金額ノ書入ト爲

區

價格	登記日付	權利移付者
	明治何年何月何日	

區

當ノ事由	登記日付	債主	負債者	變更登記
リタリ 右何郡何村奥書割印帳ニ依リ登記ス 治安裁判所判事某㊞	明治何年何月何日	何國何區何町何番地 何某㊞	何國何郡何村何番地 何某㊞	双方協議ノ上内金何圓ヲ拂入レ殘金何圓ヲ明治何年何月何日マテ毎月何圓ツヽ無利息ニテ返濟スルコトヽナシタリ 右明治何年何月何日付ノ約定証書ニ依リ登記ス 治安裁判所判事某㊞ (債主)何某㊞ (負債者)何某㊞

第二十一條　登記ヲ受ケタル物件ノ全部若クハ一部毀壞燒失流亡等ニ依リテ消滅シ其旨ヲ屆出タルトキハ表題部中取消ノ欄内ニ之ヲ登記シ其物件ハ朱抹ス可シ若シ殘餘アルトキハ第十二條第二項ノ例ニ準シ其現狀ヲ記載ス可シ

地目變換ヲ屆出タルトキハ表題中ニ記載シタル地目ヲ更正シ其旨ヲ付記ス可シ

前二項ノ場合ニ於テハ手數料ヲ徴收セサルモノトス

（參照）令第十條ノ解ヲ參照スヘシ

（問答）建增　建物ノ坪數ヲ建增シタルトキハ地目變換ノ例ニ準シ坪數ヲ改ムヘキヤ○然リ

○改様　建家ヲ土藏ニ改メタル𪜈又ハ瀛船ヲ風帆船ト改メタルノ類ハ如何スヘキヤ○左ノ例ニ依ルヘシ

一木造瓦葺建家一棟㊞　一土藏壹棟㊞
右ノ建家土藏ニ改造シタルニ因リ明治何年何月何日改ム
治安裁判所判事何某㊞

○手數料表題中ノ變更取消ニ付テハ總テ手數料ナキヤ○然リ

物

何郡何村　　何郡何村
字何　　字何
何番地　　何番地
一田何反何畝歩㊞　一田何反何畝歩㊞
地價何圓　　明治何年何月何日改
某郡長何某㊞
同村
字何
何番地

取

何番地
何反何畝歩ノ内
一田何反何畝歩㊞
右明治何年何月何日流亡
シタルニ因リ取消ス
明治何年何月何日
某郡長何某㊞

件

一畑何反何畝歩㊞
　田

地價何圓

地目變換ニ付明治何年何月何日改

某郡長何某㊞

消

第二十二條　登記所ノ同管內ニ在リテ船舶ノ定繋所ヲ更改シ其登記ヲ請フモノアルトキハ轉入セシ町村ノ登記簿ニ其物件及ヒ所有者ヲ轉寫シ表題部中物件ヲ記載シタル側ニ何町村ヨリ轉入セシ旨ヲ付記シ若シ船舶既ニ抵當物トナリタルモノナルトキハ其旨ヲモ付記スヘシ轉出セシ町村ノ登記簿ニハ其表

題部中取消ノ欄內ニ轉出ノ旨ヲ記載シテ其物件ハ朱抹スヘシ
若シ他ノ登記所ニ屬スル町村ニ轉入スルトキハ原登記所ヨリ登記簿謄本ニ其旨ヲ付記シ之ヲ本人ニ下付シテ轉入スル登記所ニ差出サシメ其登記所ハ其謄本ニ依リ登記ヲ爲シ登記濟ノ通知書ヲ原登記所ニ送致ス可ク原登記所ハ其通知ニ依リ取消ノ手續ヲ爲ス可シ
前二項ノ場合ニ於テハ登記法第三十條第一第二ノ規則ニ依リ變更及ヒ謄本ノ手數料ヲ徵收スルモノトス
〔參照〕令第十一條

〔解〕轉寫　轉寫スルトハ物件ト所有者ノ住所氏名ト其登記事由ヲ
記スルニ止ルヘク他ノ登記ハ轉寫スヘキモノニアラス

原登記所　從來ノ定繋所ヲ管轄セシ登記所ナリ

登記ヲ爲シ　此場合ニ於テハ謄本ノ全部ヲ遺漏ナク寫載ス可キモノナリ否ラサレハ己ニ登記アル事件ノ變更取消ヲ登記シ難キノミナラス謄本ヲ下付シ一覽ヲ許ス場合ニ支障尠カラサルヘシ

取消ノ手續　取消ノ欄內ニ轉出ノ旨ヲ記載シテ物件ヲ朱抹スルヲ云フ

變更及ヒ謄本ノ手數料　取消ノ手數料ハ之ヲ徵セサルノ意ヲ包含ス

〔注意〕定繋所更改ノ爲メ謄本ヲ下付シタル時ハ登記見出帳中其物

件欄内ニ定繫所更改アリタル旨ヲ付記シ且ツ登記簿ニモ付紙ヲ為シ置クヲ可トス否ラサレハ奸猾ノ徒ハ双方ノ登記所ニ二重ノ賣買抵當等ノ登記ヲ為サシムルノ恐アリ然ルニ登記簿ニハ轉入地ノ登記所ノ通知アル迄ハ何等ノ記入ヲ為スヿヲ得ス是見出帳ニ假ノ記入ヲ為シ且ツ登記簿ニ付紙ヲ為シ置クヲ可トスル所以ナリ

又轉入地ノ登記所ハ定繫所變更ノ為メ下付セシ旨謄本ニ記載アルヲ見認タル上ニ非サレハ輙ク登記ヲ為スヘカラス

〔手續〕同管內　變更ノ手數料ヲ徴シタル上本條第一項ノ手續ニ依リ登記ヲ為スヘク別ニ謄本ヲ下付セサレハ固ヨリ謄本料ヲ徴セス又取消ノ手數料ヲ徴セサルナリ（令第十一條ノ手續參照）

他管へ轉入　他管ニ轉入スルトキハ謄本料ヲ徴シテ轉出ノ旨ヲ

付記シタル謄本ヲ下付ス願人之ヲ轉入地ノ登記所ニ差出セハ其登記所ハ其謄本ニ右ノ付記アルヲ証據トシ變更ノ手數料ヲ徵シタル上登記ヲ爲シ登記濟ノ通知書ハ郵便等ニテ原登記所ヘ發送ス原登記所ハ之ニ依リテ登記取消ノ手續ヲ爲ス此場合ニ於テハ願人出願セサルヲ以テ取消ノ部ニ認印セシムルニ及ハス又タ取消ノ手數料ヲ徵スルコトナシ(令第十一條ノ手續參照)

〔登記例〕

轉入セシ登記簿ノ記載例

物	件
定繫所何 第何號 一日本形船　何々丸㊞ 何々　　何々 何村ヨリ轉入但書入中ニ係ル モノナリ 明治何年何月何日記ス 某村戶長何某㊞	

所有者ノ轉寫ノ例（登記日付ハ轉寫セシ時ノ月日ヲ記スルモノトス）

甲區					
順番	所有者	登記ノ事由	價格	登記日付	權利移付者
第壹番	何國何郡何村何番地 何 某㊞	定繋場更改ニ付キ何國何郡何村登記簿第何號何番ノ登記ニ依リ登記ス 某村戸長何某㊞	╳	明治何年何月何日	╳

（取消ノ例）

物件

定繋所何
第何號
一日本形船何々丸㊞
何々何々

取消

第何號
一日本形船　何々丸
附屬品共
右何村ヘ轉入ニ因リ取消ス
明治何年何月何日
某村戸長何某㊞

（登記簿謄本ニ付記ノ例）

登記簿謄本

（此中間ハ登記簿ノ体裁ト同一ナルヲ以テ畧ス）

右登記簿ニ依リ謄寫スル者也

但某地ニ定繫所更改ノ旨申出ニ付之ヲ下付ス㊞（登記官認印）

某登記所

某郡長何某 官印

割印

明治何年何月何日

登記所何何印

（通知書ノ例）

第何號（鑑札番號）

一日本形船何々丸

附屬品共

所有者 何 某

右貴所ヨリ下付セラレタル登記簿謄本ニ依リ本所ニ於テ及登記候條此段及御通知候也

明治何年何月何日

某登記所 印

某登記所御中

第二十三條　登記簿ニ記載スル願人ノ氏名ハ本人ヲシテ自署セシメ其名下ニ捺印セシム可シ若シ自署スル能ハサル片ハ登記官代書シ其旨ヲ付記ス可シ

〔參照〕法第八條　登記ヲ請フ者アル片ハ登記官吏直ニ前條ノ概目ヲ審査シテ登記簿ニ登記シ本人ニ之ヲ示シ又ハ讀聞セタル上本人ヲシテ署名捺印セシメ且之ニ署名捺印スヘシ

〔解〕本人。　登記願ノ爲メ出頭セシ者ヲ云フ契約ノ本人ナルト代人又ハ後見人ナルトヲ分タス

自署。　自ラ氏名ヲ書セシムルヲ云フ

捺印。　實印ヲ捺サシムルヲ云フ

付記。　氏名ノ側ニ代書ノ旨ヲ付記スルヿナリ

〔問答〕外國人。　外國人若シ登記ヲ出願セシ片ハ其署名ハ如何スヘ

キヤ○其國ノ文字ヲ以テ自署セシムヘシ若シ之ヲ爲シ能ハサルトキハ支那人朝鮮人ヲ除クノ外登記官片假名ヲ以テ代署シ代署ノ旨ヲ付記スヘシ

〔署名ノ例〕

自署シ能ハサルノ例

何國何郡何村何番地

何　某㊞

自署シ能ハサルヲ以テ本宮ニ於テ代書ス㊞

實印ナキ例

何國何郡何村何番地

何　某㊞

實印ヲ所持セサルヲ以テ拇印セス

代人ノ例

何國何郡何村何番地
何　某㊞
代人
何　某㊞

第二十四條　登記事件ニ附屬スル圖、圖面、アルトキハ登記簿表題部中ニ其旨ヲ記、記載、シ其圖面ニ登記物件ノ番號ヲ記シ登記官之ニ認、印、シ帳簿ニ編入ス可シ

〔參照〕令第五條第六條

〔登記例〕表題ニ記載ノ例

物件
何郡何村 字何何番地 一煉化造二階家壹棟 建坪何拾坪 造作付圖面添

認印ノ例

建物登記第何號第何番㊞ (圖面)

第二十五條　登記ノ爲メ差出タル契約書ニハ登記濟ノ上登記官之ニ登記物件ノ番號ヲ記載シ且ツ認印シテ本人ニ還付ス可シ

〔解〕契約書　賣買又ハ書入ノ証書ノ類ヲ云フ但親屬連署ノ登記請

求書(法第十五條)落札達書及其代金完納ノ証書(法第十六條)拂下又ハ下渡ノ指令書若クハ達書(法第十七條)裁判所ノ命令書(法第九條第十條第拾九條)等ノ証書モ契約書ト同シク處分スヘキモノナリ

(認印ノ例)

何町(村)地所(建物船舶)登記第何號㊞

(証書)

第二十六條　登記簿ノ一用紙中或ル欄内更ニ登記ヲ爲ス可キ餘白ナキニ至リタルトキハ其登記簿中未タ登記ヲ爲サヽル他ノ用紙ニ原番號ヲ轉寫シ之ニ其番號ノ第二ナルコトヲ付記シ原用紙番號ノ下ニハ第一ノ文字ヲ追加シ且第何冊何丁ニ續ク旨ヲ記載ス可シ第三以下ノ續ヲ設クルトキ亦此例ニ準ス

前項ノ場合ニ於テ新用紙ニハ原用紙ニ記載アル登記ノ順番ヲ繼續シテ之ヲ付ス可シ

(解)或ル欄内云々　例ハ甲區ニハ第二番マテノ登記ニシテ餘白アルモ乙區ニハ已ニ第四番マテ登記アリテ第五番ノ登記ヲ爲シ難キノ類ヲ云フ

其登記簿云々　例ヘハ第十號マテノ登記番號アル場合第一號

ニ於テ餘白ナキニ至リタル時ハ第十號ノ次ニ或ル用紙ニ第一號ノ番號ヲ付スルヲ云フ但其ノ字ニ拘泥スヘカラス第一册中已ニ新用紙ナキ時ハ第二册中ノ用紙ヲ用フヘキハ勿論ナリ

第何册何丁。　例ハ第一册第十號ノ次ニ第一號ノ續ヲ設ケタル時ハ第一册第三十壹丁ニ續クト記スルノ類ナリ

新用紙云々順番ヲ繼續　例ヘハ原用紙ノ甲區ニ第二番迄ノ順番アル時ハ新用紙ニハ第三番ヨリ順番ヲ始メ又乙區ニハ第四番迄ノ順番アル時ハ新用紙ニハ第五番ヨリ始ムルヲ云フ

(登記例)

原用紙略圖

物件番號		第一號第壹	本冊第三十一丁ニ續ク
甲區		乙區	
第壹番	甲某	第壹番	書入
		第貳番	書入
第貳番	乙某	第參番	書入
		第四番	質入

物件番號ハ表題ノ部ニアルモノナレ𪜈略圖ナルヲ以テ甲乙區ノ上ニ置キタリ

第二十七條　登記簿ニ登記ヲ為ス字体ハ楷書ヲ用ヒ

新用紙畧圖

物件番號	本冊第一丁ヨリ續ク	第壹號第貳	
甲區		乙區	
		第五番	書入
第參番	丙某		

如斯記載スルヲ便ナリトス

鮮明ナルヲ要ス又金錢物品ノ員數及ヒ年月日ヲ記スルニハ必ス壹貳參拾ノ文字ヲ用フ可シ

登記ヲ爲スニハ之ヲ墨書ス可ク訂正若クハ插入等ヲ爲スニハ之ヲ朱書ス可シ

文字ハ之ヲ改竄スヘカラス若シ刪除スルトキハ讀得ヘキ爲メ字体ヲ存ス可シ

訂正插入削除等ヲ爲シタルトキハ本人ヲシテ之ニ認印セシム可シ

（解）訂正　誤字ヲ正字ニ改ムルヲ云フ

插入　脱字ヲ追加スルヲ云フ

等　一欄ヲ抹却スル爲メ×線ヲ引クニハ墨ヲ用ヒ各欄ノ區劃線ヲ抹却スル爲メ×線ヲ引ク（規第二條中區劃流用ノ圖ヲ參照

スヘシ」ニハ朱ヲ用フルノ類ヲ云フ
改竄　貼紙ヲ爲シ又ハ字消ノ白墨ヲ塗リ若クハ全ノ字ニ點ヲ加ヘテ全ノ字ト爲スノ類ヲ云フ
刪除　衍字ヲ削ルヲ云フ字体ヲ存スヘシトハ削ルヘキ字上ニ朱點ヲ打チ又ハ朱線ヲ引キ置クカ如キ方法ヲ用フヘシトノ謂ナリ
本人云々　登記簿ニ署名捺印スヘキ者ヲシテ訂正挿入削除等ヲ爲シタル廉ニ實印ヲ押捺セシムルヲ云フ
（例）訂正挿入削除ヲ爲スニハ場合ニ由リ左ノ數種ノ方法ノ一ヲ選フコヲ得ヘシ

書入

印参印

金弐百圓

印

何々、、、何々、、、、、、、

何々

何々ノ弐字ヲ何々ト改ム

印印印印印

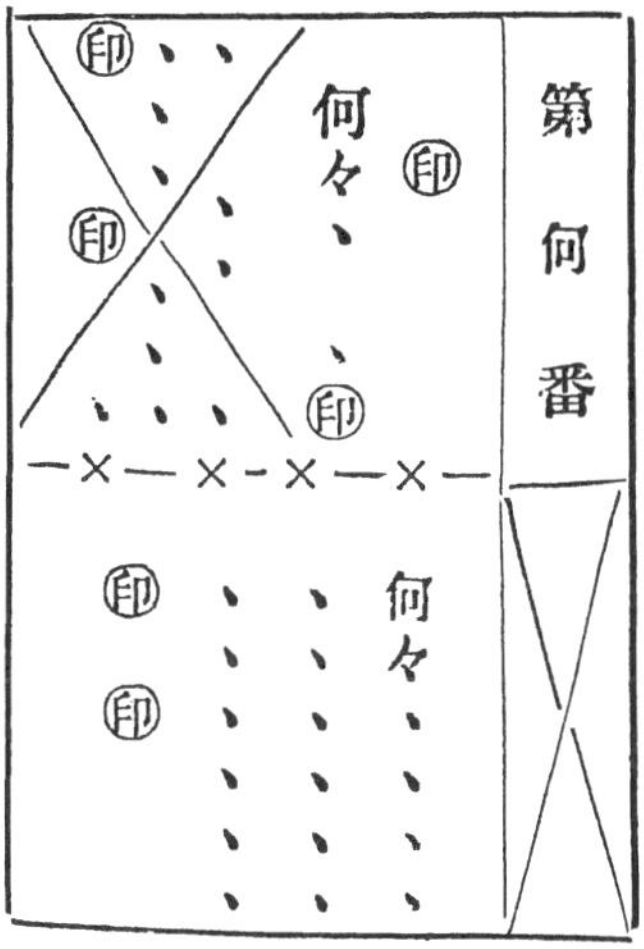

〔問答〕認印　登記ヲ受クル本人數十人ナル片ハ總テノ者ニ認印セシムル能ハス如何セハ可ナルヤ〇訂正等ノ文字ニ利害ノ最モ關係アルモノ又ハ登記ノ筆頭ニ氏名ヲ記シタル者ヲシテ認印セシムヘシ但金額期限其他必要ノ部分ニ係ル片ハ利害ノ相反スル双方ノ內壹名以上ツヽヲシテ認印セシムルヲ可トス

第二十八條　後見人若クハ代人ヨリ登記ヲ出願セシ片ハ後見人タルノ証若クハ代理ノ委任狀ヲ差出サシメ之ヲ帳簿ニ編入ス可シ

前項ノ証書ヲ差出サヽルヰハ登記ヲ爲ス可カラス

〔參照〕令第二條

〔解〕帳簿　代理証書綴込帳ヲ云フ

前項ノ証書　後見人タルノ証又ハ代理ノ委任狀ヲ云フ

（注意）後見人○○○　後見人ハ幼者ノ財產ヲ管理（俗ニ云フ世話燒ナリ）スルノ權アレ𪜈讓渡ハ勿論賣渡ヲ爲スニハ親族ノ認可ヲ經ルヿヲ要シ若シ之ヲ經サルトキハ權外ノ處分ナリトス然レ𪜈既ニ式ヲ經テ賣買シタル後登記ヲ請フヿハ管理ノ事務ナルヲ以テ其權內ニ屬スルモノトス質入書入ニ付テモ亦然リ

代理人○○○　總理代人モ亦管理ノ事務ヲ代理スル迄ニシテ賣買讓與質入書入ヲ爲スヿハ部理代人ニ非サレハ能ハス而シテ令第二條ニ依レハ登記ヲ願フヿモ亦部理代人タルヿヲ要スルナリ

又利害ノ相反スルモノハ代人ト爲ルヿヲ得ス故ニ賣主ハ買主ヲ代人ト爲スヿヲ得ス又書入人ハ債主ヲ代人ト爲スヿヲ得ス其他之ニ準スヘシ

又代人規則（明治九年第四十四號布告）ニ依レハ代人ハ心術正實

ニシテ滿貳拾歳以上ノ者ヲ選ムヘキモノナリ

後見又ハ代理ノ證　此証書ニハ規第二十四號ニ準シ登記番號ヲ記シ認印シ置クカ然ルヘシト考フ

管財人　民事若クハ刑事上ノ治産ノ禁ヲ受ケタル者又ハ破産セシ會社等ニハ管財人ナルモノアリ此等ノ者ヨリ登記ヲ請フトキハ本條第二項ニアル証書差出ノ文字ニ拘ハルヘカラス蓋証書ヲ差出シ難キコアレハナリ因テ証書ヲ差出難キトキハ証書ヲ呈示セシメテ之ヲ撿閲シ更ニ寫本ヲ差出サシメテ以テ本條ノ証書ニ代フヘキナリ

第二十九條　登記官自己ノ權利義務ヲ登記ス可キ場合ニ於テハ治安判事及ヒ郡長ハ書記戸長ハ次席吏員ヲシテ代テ登記ヲ爲サシム可シ

〔解〕自己ノ權利義務　登記官賣主、買主、讓渡人、讓受人、若クハ書入
書入取人、質入人、質取人又ハ差押等ノ請求者若クハ被差押人等
ト爲リタルヿヲ登記スヘキ場合ヲ云フ

次席吏員　筆生書役其他戸長役場ノ吏員タルモノニシテ戸長
ノ次席ニ列スルモノヲ云フ一時ノ寫字雇ノ類ハ此内ニ包含セ
ス

代テ　登記官ノ位置ニ代テ事務ヲ取扱フヲ云フ登記官何某ノ
代理者トシテ取扱フノ意ニアラス故ニ此場合ニ於テハ治安判
事某代理ト署名セス單ニ某裁判所書記某ト署名シテ捺印スル
モノトス

〔問答〕事由　本條ノ場合ニ於テハ代テ事務ヲ取扱フタルノ事由ヲ
記載スヘキヤ○然リ左ノ例ニ準ス可シ

明治何年何月何日付ノ賣買証書ニ依リ登記ス但登記法取扱規則第二十九條ニ從ヒ本官ニ於テ登記ヲ爲シタリ

裁判所書記何某㊞

第三章　帳簿

第三十條　登記所使用ノ帳簿ハ左ノ如シ

一　地所登記簿

二　建物登記簿

三　船舶登記簿

四　受付帳

五　登記見出帳三種

六　印鑑區戸長ノ證明シタル印鑑ヲ挿入シタルモノ

七　謄本下付帳

八　登記濟証下付帳

九　圖面綴込帳

十　請求証綴込帳行政廳ノ登記請求書ヲ綴込タルモノ

十一　登記願書綴込帳登記法第十五條第二項ノ書面ヲ綴込タルモノ

十二　証明證綴込帳登記法第四十條ノ証書及ヒ印鑑証明書等ヲ綴込タルモノ

十三　名刺綴込帳

十四　代理証書綴込帳

十五　届書綴込帳

（問答）受付帳　受付帳ハ地所建物船舶ヲ分タス又各町村ニ區別スルヿヲ要セサルモノナリヤ○然リ

受付事件　受付帳ニハ謄本下付願登記濟証下付願其他登記事務ニ付キ受付タル一切ノ事件ヲ記載スルモノナリヤ○然リ

印鑑簿　本簿ハ印鑑証明書ニ貼付シアル印鑑ヲ剝取リイロハ分ケニシテ帳簿ニ挿入若クハ貼付シタルモノナリヤ○然リ

圖面綴込帳　町村及ヒ地所建物船舶ヲ分チテ之ヲ綴込ムヲ可トスルヤ○然リ而メ相當ノ厚サト爲リタル片ハ整頓シテ嚴重ニ編冊シ毎葉ニ契印シ置クヲ宜トス

謄本　船舶ノ定繫所更改ニ付登記ヲ請フ爲メ差出シタル謄本

ハ何レノ帳簿ニ編入スヘキヤ○届書綴込帳ニ編入スヘシ
雜書　本條ニ記載シタル各種ノモノニ屬セサル雜書ハ如何スヘキヤ○成ルヘク此數種ノ内ニ編冊スヘク若シ己ムヲ得サルヿアラハ雜書綴ヲ設クルモ妨ケナカルヘシ

第三十一條　登記簿ノ謄本若クハ抜書ヲ請フモノアルトキハ其用紙ニ謄寫シ謄本下付帳ト割印シテ之ヲ下付ス可シ但手數料ヲ領收セサル前ニ謄本又ハ抜書ヲ下付スルヿヲ得ス

〔參照〕法第十一條、令第一條
〔解〕其用紙　謄本用紙、抜書用紙ヲ云フ
謄本下付帳　町村等ヲ區別スルニ及ハス一登記所分ヲ合併、記載スヘキモノトス

第三十二條　謄本ハ登記簿一用紙ノ全部ヲ遺漏ナク謄寫シテ之ヲ作ルヘシ
拔書ハ請求アル部分ノミ登記簿ヨリ摘寫シテ之ヲ作ル可シ

(解)一用紙　表題及甲乙丙ノ三區トモ悉皆謄寫スヘキヲ云フ
摘寫　第何號中ノ第何番ノ登記ノ全部ヲ拔書シ又ハ第何番ニ登記アル所ノ金額ト日付ト債主ノ氏名トノミヲ拔書スルノ類ヲ云フ

(問答)數用紙ニ亘ルモノ　例ヘハ第壹號ノ登記ハ第五マテノ續キ用紙アル塲合請求者ニ於テハ第五用紙全部ノ謄本ヲ要スルトハ其用紙ノミノ謄本ヲ請フヲ得ルヤ○請求スルヲ得ヘシ(其書式ハ後ニ掲クヘシ)

餘白　登記簿ニ餘白アルモ謄本ニ餘白ヲ置クトキハ詐僞ノ記入ヲ爲スノ恐レアリ故ニ餘白ニ屬スル分ハ各區中順番ノ欄ニ朱ヲ以テ×線ヲ施シ以下餘白ト朱書シ置ク方然ルヘシト考フ如何○然ルヘシ

訂正　登記簿ニ訂正挿入削除等ノヿアルトキハ謄本ニ付テハ其体裁ノ儘ヲ寫シ拔書ニ付テハ(特ニ請求アルトキノ外)正誤シタル已後ノ成文ノ通リ寫スヘキモノナルヘシ○然リ

舊公証簿　規第二十條參照

（謄本下付帳ノ例）

謄本下付帳

登記物件番號	種目	願人住所	願人氏名	下付年月日
第何號	地所登記簿謄本	何町	何某	明治何年何月何日
第何號	地所登記簿拔書	何町	何某	何月何日

（謄本ノ例）

登記簿謄本

登記簿ノ式ニ同シ

割印

右登記簿ニ依リ謄寫スル者也

明治何年何月何日

登記所印

某治安裁判所判事何某

官印

〔拔書ノ式〕

登記簿拔書

物件番號　第何號

物件

何郡何村字何何番地

一田何反步

地價何圓

順番　第何號

所有者何國何郡何番地何某

登記日付明治何年何月何日

右登記簿ニ依リ拔書スル者也

割印

明治何年何月何日

登記所印

某治安裁判所判事何某　官印

（續キニ係ル用紙ノ謄本例）謄本用紙ヲ用フヘシ

略圖

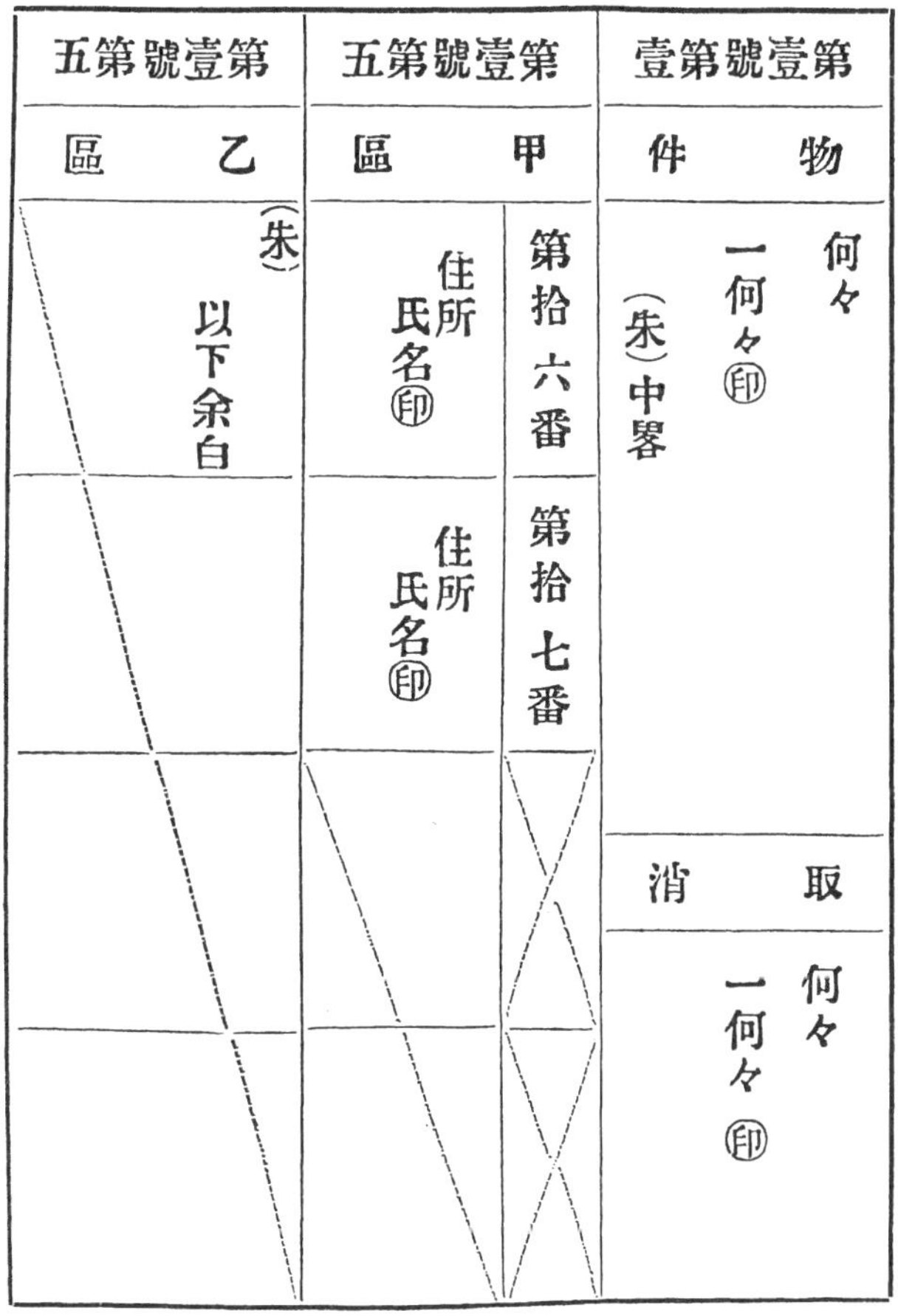

（┆┆┆線ハ朱ヲ以テ｜線ヲ引クヘキモノナリ）

第三十三條　登記濟ハ證ヲ請フ者アルトキハ其願書ニ記載アル物件ヲ登記簿ト照査シタル上登記濟ノ旨ヲ朱記シ登記濟証下付帳ト割印シテ之ヲ下付ス可シ

(參照)令第九條

(解)照査　校合ヲ爲スヲ云フ

(問答)日付　登記濟ノ旨ヲ記シタル側ノ日付(令第九條ノ書式參照)ハ登記ノ日付ニアラスシテ登記濟ノ証下付ノ日付ナルヤ○然リ

下付帳　此帳ハ町村等ヲ分タス一冊トスヘキモノナリヤ○然リ

〔登記濟証下付帳ノ例〕

登記濟証下付帳

登記物件番號	種目	願人住所	願人氏名	下付年月日
割印 第何號	地所	何町	何某	明治何年何月何日
割印 第何號	船舶	何町	何某	何月何日
割印 第何號	地所	何村	何某	何月何日

第三十四條 登記見出帳ハ地所建物ニ付テハ地所ノ番號ニ依リ船舶ニ付テハ鑑札ノ番號ニ依リ登記物件ノ番號ヲ付スル毎ニ各番號ヲ記入スルモノトス」

同番號ノ地所ニシテ數筆ニ分レタルモノアルキハ地券面ノ符號ヲ番地ノ下ニ記載ス可ク同番地ニア

ル建物ニシテ棟ヲ異ニシタルキハ建物ノ番號ヲ番地ノ下ニ記載シテ之ヲ區別ス可シ番號若クハ符號ヲ同フスル地所又ハ番地若クハ棟ヲ同フスル建物ヲ分割シテ賣買讓與質入書入ト爲ストキハ其各部ノ地所若クハ建物ニ子丑寅卯ノ符號ヲ付シテ之ヲ區別ス可シ

前二項ノ區別ハ登記簿ニモ亦之ヲ記載ス可キモノトス

〔解〕地所ノ番號　建物ニ付テハ見出ヲ便ニスヘキ番號ナシ故ニ地所ノ番號ニ依リタルモノナラン

番號ヲ付スル每ニ　已ニ番號ヲ起シ第一番ノ登記ヲ爲シタル後ハ第二番以下ノ登記ヲ爲スニ付テハ重テ見出帳ヲ作ルニ及

ハサルヲ云フ
各。番。號。　地所又ハ鑑札ノ番號ト登記ノ物件番號トヲ記入スルヲ云フ
同。番。號。ノ。地。所。　同番地ナルトキハ地券面ニ在ル所ノイ號ロ號若クハ一號二號甲ノ部乙ノ部等ノ符號ヲ見出帳ト登記簿トニ記載スヘキヲ云フ
建。物。ノ。番。號。　第一號第二號又ハ第一戸第二戸ト云フ類ナリ然レトモ土藏ノ如キハ此符號ナキヲ常トス故ニ見出帳番號ノ下ニ土藏ト記シ置ク等專ラ捜索ニ便利ナル方法ヲ用ユルモ決シテ規則ノ精神ニ背クモノニアラサルナリ
番。號。若。ク。ハ。符。號。云。々。　前ニ掲クル所ハ已ニ分割ノ地券アル地所若クハ別棟ノ建物ノ登記ヲ請フタル塲合ニシテ番號若クハ

符號云々以下ハ自今分割セントスル場合ナリ
符號ヲ同フスル地所　前ニ云ヘルイ號ロ號等ノ内ヲ更ニ分割スル場合ヲ云フナリ
子丑寅卯　必スシモ十二支ヲ記スルニ限ラサルモ從來分割アルモノニ付テハイロハノ符號ヲ付シタルモノ多キニ居ルヲ以テ之ト區別スル爲メ十二支ヲ記スヘキヿト定メラレタルモノナラン故ニ若シ已ニ十二支ヲ以テ分チアル地所ナラハ甲乙丙丁等ヲ付シテ之ト區別スル方規則ノ精神ナルヘシ

（見出帳ノ例）

（說明）登記見出帳ハ一町村（合併スルコトヲ得）毎ニ地所建物船舶ヲ分チ一ノ部ヨリ九ノ部迄ヲ別紙ニ設ケ置ク可キモノトス蓋シ十百千ノ數ハ一ノ部ニ記載シ得ヘク且十ノ部ヲ設クルモ十ヨ

リ十九ニ至ル番號ノ外記シ難ケレハ此部ノ設ケナキモノナラン

然レ𪜈一ノ部ヨリ九ノ部マテヲ設ケタルノミニテハ千番地マテアル村ニ於テハ一ノ部ハ千百十件トナリ他ノ部ハ百十件ツヽトナルヘシ因テ百以上ノ部ヲ設ケ(例ヘハ百一ノ部ヨリ百九ノ部ニ至ル迄ヲ設クルノ類)又ハ全村ノ地所大概登記濟ニ至レハ番地ノ順ニテ見出帳ヲ改輯スル等便宜ノ活用ヲ爲スコトハ勿論本則ノ企望スル所ナルヘシ

○地所

何町地所登記見出帳

壹ノ部

地所番號	符號	登記物件番號	登記簿	事故
壹番地		第二號	第一 第一冊 何丁 第二 第二冊 何丁	
十五番地	イ號	第十號	第一 第一冊 何丁 第二 第二冊 何丁	
百貳拾番地		第三十七號	第一 第何冊 何丁	
拾五番地	ロ號	第五十二號	第一 第何冊 何丁 第二 第何冊 何丁	
拾番地		第六十號	第一 第何冊 何丁	流亡ニ付取消

貳ノ部

地所番號	符號	登記物件番號	登記簿	事故
貳番地	子號	第一號	第一 第一冊 何丁 第二 第何冊 何丁	第二十號ニ移ス
二十三番地		第五號	第一 第一冊 何丁	
二百五十番地		第十三號	第一 第何冊 何丁 第二 第何冊 何丁	

貳番地	子號	第二十號	第一 第何冊 何丁	

○建物 地所ニ準ス

○船舶

何村船舶登記見出帳

壹ノ部

船舶鑑札番號	船名	登記物件番號	登記簿	事故
壹號	山城丸	第三號	第一 第何冊 何丁 第二 第何冊 何丁	
拾五號	漁船	第二十號	第一 第何冊 何丁	
百二十號	ロントン號	第七十號	第一 第何冊 何丁	何町ヘ轉出ス

貳ノ部

船舶鑑札番號	船名	登記物件番號	登記簿	事故
貳號	六合丸	第九號	第一第何冊何丁 第二第何冊何丁	
二十三號	艀船	第五十號	第一第何冊何丁	流失ニ付取消
二百五十號	伊與丸	第八十二號	第一第何冊何丁	

第三十五條　登記ニ關スル帳簿ハ常ニ書箱ニ藏メ其封緘ヲ嚴ニシ非常持退ノ準備ヲ爲シ勉テ紛亂毀損ヲ豫防ス可シ

登記ニ關スル帳簿ハ裁判所ノ命令アルニ非サレハ登記所外ニ出スコトヲ得ス

第三十六條　登記簿ノ閲覽ヲ請フモノアルトキハ官吏

ノ職務ヲ以テ閲覽スル時ノ外ノ吏員面前ニ於テ之ヲ閲覽セシムル可シ

(解)閲覽　法ニハ一覽トアリ然ルニ爰ニ閲覽トアルハ法第三十條ニ於テ說明セシ如ク一覽トハ一ヶ所ノミヲ看ルノ意ニアラサルヲ以テ其意ヲ明瞭ナラシメン爲メ特ニ閲覽ト記セラレタルナルヘシ

吏員　登記所ニ屬スル一切ノ吏員ヲ云フ登記官ノミヲ指スモノニアラス

(手續)官吏ノ職務ヲ以テ閲覽スル片ハ手數料ヲ徵セサルハ勿論吏員ノ立會ヲ要セス又其件數ハ登記件數表中ニ揭ケタルヲ要セス

第三十七條　登記所ニ於テハ毎月登記件數表ヲ調製シ翌月五日迄ニ其地ヲ發シ管轄始審裁判所ニ送致

ス可ク其裁判所ニ於テハ之ヲ取纒メ合計表ヲ付シ其月末マテニ其廳ヲ發シ司法省ニ差出ス可シ

〔解〕登記件數表　登記件數表ハ毎月其登記所ニテ取扱ヒタル件數ヲ合算シ之ヲ作ルモノトス

合計表　登記件數表ノ体ニ準シ合計件數ヲ掲ケ各登記所ヨリ差出タル件數表ニ添付シテ之ヲ差出スモノトス

〔登記件數表〕書式畧之

〔説明〕

○件數表ハ一紙中ヲ甲乙丙ノ三號ニ區別シ其甲號ノ部ハ登記法第二十五條ヨリ第二十九條マテニ掲ケタル事件ノ件數及ヒ其登記料ヲ記入スル所ニシテ乙號ノ部ハ同三十條第一ヨリ第三マテニ掲ケタル事件ノ件數及ヒ其手數料ヲ記入シ丙號ノ部

ハ同第三十一條第一ヨリ第四マテニ揭ケタル事件ノ件數ヲ記入スル所トス

○件數表ニ記入スル件數金額ハ數字ノミヲ記シ一位（金額ニ付テハ圓位ヲ以テ位トス）一ト千位トニ、點ヲ付スヘキモノトス

○件數表中總計ノ欄ニハ甲號乙號及丙號ノ件數ノ總計及金額（登記料手數料）ノ總計ヲ記入ス可キモノトス

〔問答〕件數○○件數表ニ揭クル所ノ一件ハ法第二十五條ニ於テ解セラレタル所ノ一件ト同シキヤ○然リ

○○合併　地所建物ヲ合併シテ賣買讓與又ハ書入質入ヲ爲シタルトキノ如キ之ヲ地所ト建物トノ部ニ分載スルトキハ登記料ト件數ト符合セス若シ之ヲ分タサレハ件數表ニ記載スル能ハス如何セハ可ナラン○地所又ハ建物ノ內一方ノミニ記載シ合併ノ爲

メ顯レサル件數ハ相當ノ欄內ニ朱書スヘク若シ件數多キ時ニハ別ニ參考表一葉ヲ作リ(件數表用紙ヲ用テ可ナランン)之レニ右ノ消滅セシ件數ヲ揭クヘシ但朱書ノ方法ヲ用フルモ又ハ參考表ノ方法ニ依ルモ登記料ハ之ヲ揭クルニ及ハス

第三十八條　登記料ハ登記ヲ爲ス前之ヲ納メシム可シ登記事件ノ取消若クハ變更ノ登記ヲ請フ者ノ納ムヘキ手數料ニ付テモ亦同シ

〔適用〕謄本手數料ニ付テハ規第三十一條ニ之カ明文アリ然レ𪜈閲覽ニ付テハ明文ナシ宜シク本條ニ準シ閲覽セシムル前ニ之ヲ納メシムヘキナリ

第三十九條　登記法第三十二條ニ依リ評價ヲ要スル場合ニ於テハ登記所ハ其費用ヲ見積リ登記料ヲ納

ムル者ヨリ之ヲ豫納セシムル可シ

（參照）法第三十二條令第八條ニ解釋セリ

第四十條　登記所ニ於テハ評價人ヲシテ速ニ物件ノ所在ニ就キ價格ヲ評定シ其評價書ヲ差出サシムル可シ

評價人中ノ一名意見ヲ異ニスルトキハ他ノ二名ノ意見ニ依リ價格ヲ定ム可ク若シ各自意見ヲ異ニスルトキハ更ニ評價人ヲ撰定ス可シ

（參照）法第三十二條ニ解釋セリ

第四十一條　登記法第三十三條ニ依リ評價ノ費用ヲ本人ニ負擔セシム可キトキハ豫納金ヲ以テ之ヲ支辨シ殘額アルトキハ之ヲ還付ス可ク不足スルトキハ之ヲ

納完スルマテ登記ヲ爲ス可カラス
若シ登記所ニ於テ費用ヲ負担ス可キトキハ豫納金ノ全額ヲ還付ス可シ
〔參照〕法第三十四條ニ解釋セリ

第四卷　附錄

第一章　登記料及手數料收納手續　明治十九年司法省訓令第三十四號

裁判所、登記所

登記料及手數料收納手續左ノ通之ヲ定ム

登記料及手數料收納手續

第一條　登記料ハ第二部歲入科目手數料ノ項中初行ヘ登記料及手數料ノ目ヲ設ケ整理スルモノトス

第二條　登記所ハ國庫金取扱所又ハ現金仕拂所ニ於テ登記料預リ証ニ押用スル印鑑ヲ徵シ置ク可シ

第三條　登記所ニ於テ登記料又ハ手數料ヲ上納セシムルニハ登記願人ヲシテ國庫金取扱所若クハ現金仕拂所ヘ現金ヲ預ケ入レ其預リ証ヲ以テ登記所ニ

差出サシムヘ可シ

第四條　登記所ニ於テハ前條預リ證ノ證印ヲ撿シ收入簿ニ記入シタル上領收證ヲ登記願人ニ付與ス可シ但シ領收證及收入簿ハ別紙ノ雛形ニ準據ス可シ

第五條　治安裁判所ノ登記官ハ本年閣令第三號歳入歳出出納規則第廿七條ニ據リ納付書ニ預リ證ヲ添ヘ更ニ國庫金取扱所若クハ現金仕拂所ヘ納付シ其領收ヲ證シタル納付書ハ遞付書ヲ以テ會計主務官ヘ送付報告ス會計主務官ハ大藏省令第四號歳入取扱順序第二十三條ニ依リ整理スルモノトス

第六條　郡役所戸長役場ニアル登記所ニ於テハ第五條ノ手續ニ依リ國庫金取扱所又ハ現金仕拂所ニ納

付シ其領收ヲ証シタル納付書ハ一箇月毎ニ取纏メ翌月五日以內ニ其管轄始審裁判所ニ送納ス可シ

第七條　國庫金取扱所又ハ現金仕拂所ナキ地方ノ登記所ニ於テハ現金ヲ以テ收入シ十日毎ニ（金額五拾圓ニ充ツルトキハ其時々）取纏メ納付書ヲ添ヘ便宜ノ國庫金取扱所又ハ現金仕拂所ヘ納付シタル上前二條ノ手續ヲ爲ス可シ

第八條　始審裁判所ニ於テ郡區役所戶長役場ニアル登記所ヨリ送納ヲ受ケタルトキハ會計主務官ニ於テ登記件數表ト照合帳記ノ上大藏省令第四號歲入取扱順序第二十三條ニ依リ整理スルモノトス

表

（明治十九年十二月四日司法省訓令第三十四號附屬雛形）

明治何年何月

登記料及手數料收入簿

某登記所

裏

説明

一此雛形ニ一「」印ヲ付スルモノハ記入ノ一例ヲ示スモノナリ用紙ハ半截半紙ヲ用フヘシ

一㋑印ハ登記所角印章㋺印ハ其長印章ニシテ㋩印ハ登記官ノ認印ナリ明治年月日トアルハ收入セシ日附ヲ記スヘシ

一番號ハ此領収証ノ順ヲ追ヒ一號ヨリ起シ記載スヘシ尤會計年度ヲ以テ改ムヘシ

一種類ノ欄内ニハ地所賣買家屋讓與等其収入ノ性質ヲ記スヘシ

一乙雛形ハ領収証トシテ納人ニ渡シ甲雛形ハ登記料及手數料收入簿トシテ一箇月毎ニ表紙ヲ附シ一冊ニ綴リ登記所ニ備置クヘシ

「甲雛形」

明治　年　月　日

番號　第　號

納人氏名　何　某

金員　金「何圓」(ハ)

種類　「地所讓與」

(ロ)

「乙雛形」

番號　第　號

納人氏名　何　某

金員　金「何圓」(ハ)

登記料及手數料

右領收候也

明治　年　月　日

某登記所(イ)

第二章　抗告手續

明治十九年司法省令甲第三號

今般法律第一號第二號ヲ以テ登記法及ヒ公証人規則制定相成候ニ付其抗告手續左ノ通之ヲ定ム

抗告手續

第一條　登記官吏又ハ公証人ノ職務執行ニ關シ抗告ヲ爲ス者ハ抗告狀ヲ其登記官吏又ハ公証人ニ差出スヘシ

第二條　登記官吏又ハ公証人抗告狀ヲ受取リタルトキハ其翌日ヨリ三日以内ニ意見ヲ付シ且ツ關係書類ノ寫ヲ添ヘ抗告狀ヲ管轄始審裁判所ニ送致スヘシ

第三條　登記官吏又ハ公証人若シ前條ノ期限内ニ抗

告狀ヲ管轄始審裁判所ニ送致セサルトキ又ハ急速ヲ要スル場合ニ於テハ抗告者ハ直チニ管轄始審裁判所ニ抗告狀ヲ差出スコヲ得
始審裁判所ハ抗告ヲ受ケタル登記官吏又ハ公証人ヲシテ意見書ヲ差出サシメ及ヒ關係書類ヲ求ムルコヲ得

第四條　登記官吏又ハ公証人ハ其職務執行上ニ關シ抗告ヲ受ケタルトキハ其處分ヲ停止スヘシ

第五條　抗告狀ヲ受取タル管轄始審裁判所ハ書面ニ依リ判定ヲ爲スヘシ
始審裁判所ハ必要ナリト認ムル場合ニ於テハ抗告者其他關係人ニ書面ヲ以テ答辯セシムルコヲ得

第六條　始審裁判所ハ抗告ノ判定書ヲ管轄治安裁判所ニ送致シ之ヲ登記官吏又ハ公証人及ヒ抗告者ニ送付セシムヘシ

始審裁判所於テ抗告ヲ正當ナリト判定シタルトキハ登記官吏又ハ公証人ハ其判定ニ依リ處分ヲ更正スヘシ

第七條　公証人懲罰處分ニ對シ不服アルモノハ其處分ノ翌日ヨリ起算シ七日内ニ其處分ヲ爲シタル管轄始審裁判所ニ抗告状ヲ差出スヘシ

裁判所ハ其抗告ヲ正當ナリト認ムルトキハ速ニ其不服ノ點ヲ更正スヘシ若シ之ヲ正當ナラスト認ムルトキハ第二條ノ期日内ニ意見ヲ付シ關係書類ヲ添ヘ

抗告狀ヲ管轄控訴院ニ送致スヘシ
第八條　公証人懲罰處分ニ對スル抗告ニ付テモ亦第三條ノ手續ニ依ルコヲ得
第九條　公証人懲罰處分ニ對スル抗告狀ヲ受取タル控訴院ハ第五條ノ手續ニ從ヒ判定ヲ爲スヘシ
第十條　控訴院ハ其判定書ヲ處分ヲ爲シタル始審裁判所ニ送致シ之ヲ言渡サシムヘシ
控訴院ニ於テ抗告ヲ正當ナリト判定シタルトキハ處分ヲ爲シタル始審裁判所ハ其判定ニ依リ處分ヲ更正スヘシ
第十一條　抗告ノ判定ニ對シテハ總テ上訴ヲ爲スヲ得サルモノトス

第三章　地所質入書入規則 明治六年第十八號布告

第一條　金穀ノ借主地主ヨリ返濟スヘキ証據トシテ貸主金主ニ地所ト証文トヲ渡シ貸主其作德米ヲ以テ貸高ノ利息ニ充候ヲ地所ノ質入ト云フ

第二條　金穀ノ借主地主ヨリ返濟スヘキ証據トシテ貸主金主ニ地所引當ノ証文ノミヲ渡シ借主ノ作德米ノ全部又ハ一部ヲ貸主ニ渡シ利息ニ充候ヲ書入ト云フ

第三條　金穀ノ借主地主ヨリ返濟スヘキ証據トシテ貸主金主ニ地所引當ノ証文ノミヲ渡シ借主ヨリ其利息トシテ米又ハ金ヲ拂ヒ候ヲモ亦タ書入ト云フ

第四條　地所ヲ質入ニ致シ候節ハ地券ヲモ相渡シ可

申其年期ノ義ハ三ケ年ヲ限ル可シ尤三ケ年以下期限取極候義ハ勝手タルヘク且ツ年限取極候廉ハ判然証文面ニ記載シ置可申事
但書入ノ義ハ地劵ヲ相渡スニ及ハス其年限長短共本文ノ限ニアラスト雖𪜈双方相對ニテ取極候年限ハ本文同様証文面ニ記載致置可申事
第五條〔明治十二年第七號布告ヲ以テ改正ノ分〕質入又ハ書入ノ地所期限ニ至リ貸主借主相談ノ上金穀ヲ返サスシテ地所ヲ引渡候節ハ舊地主ヨリ金主ヘ可引渡旨別紙ニ相認メ其地ノ戸長加印ノ上金主ヨリ地劵相添ヘ確認ノ証ヲ可願出事
第六條　質入ノ地所ハ金主ニテ其地所耕作可致筈ニ

付テハ地租諸役トモ總テ金主ニテ可相勤事

但其段管轄廳ヘ屆出証書可差出事（地租條例參照）

第七條　書入ノ地所ハ地主ニテ耕作致シ候義ニ付地租諸役トモ無論ニ地主ヨリ可相勤事

但管轄廳ヘ屆出ニ不及候事

第八條　管轄違ノ者或ハ同管轄ト雖モ懸隔ノ地所ヲ質ニ取リ候節ハ其現地ノ村町ヘ金主ノ名代人相定置其地租諸役トモ差支無之樣可爲相勤事

第九條（明治七年第六號布告ニテ改正ノ分○登記法ニ依リ消滅ス）質入又ハ書入證文ニハ必ス其村町戸長ノ奥書証印ヲ取ル可シ其村町戸長ノ役塲ニハ奥書割印帳ヲ備ヘ置キ証文ノ奥書

割印ヲ願出ル時ハ帳面ト証文トニ番號ヲ朱書シ割印ヲ押シ奥書ヲ爲ス可シ若シ奥書並ニ割印ナキ証文ハ質入又ハ書入ノ證據ニハ不相成ニ付右証文ヲ以テ訴出ルニ於テハ負債主財産分散ノ時債主他ニ債主ニ對シ先キ取リノ特權ヲ失ヒ獨リ質入又ハ書入ナキ金穀貸借人處分ヲ可受事

但戸長不在ノ時ハ其旨ヲ記シ副戸長奥書調印ス可シ

第十條（明治七年第五十二號布告ニテ改正ノ分）一箇所ノ地ヲ二重三重ニ書入候義ハ不相成候得共若シ第一番ノ金主ヘ引當ニ入レ置キ候事ヲ第二番ノ金主承知ノ上ニテ地所代價ノ餘分ヲ見込又其地所ヲ引當ニ借添ヘ致シ候

義ハ不苦尤借主身代限ノ處分ニ相成候節ハ右地所糶賣ノ代金ヲ以テ第一番ノ者ヘ元利ノ金數ヲ引渡シ其餘金ヲ以テ第二番ノ者ヘ元利ノ金數ヲ引渡第三番以下右ニ準シ引渡申スヘク若糶賣ノ金高ヲ以テ先ツ第一番ノ金主ヘ元利ノ金數ヲ引渡シ其餘金第二番ノ金主ヘ引渡スヘキ元利ノ金數ニ不足スル時ハ其不足ノ分ヲ償フヿ並ニ第三番以下ノ金主ニ償フヿハ平常引當ナキ債主ニ身代限償却ノ例ニ從ヒ外物品糶賣代價ノ內ニテ相當ノ割賦ヲ以テ引渡可申事

但書故ノ如シ（但第二番ノ金主ヘ受取候証文ヘハ地所代價ノ餘分ヲ見込借添ヘ候旨ヲ書載セ可申事）（改正前ノ但書）

第十一條　地所ハ勿論地券ノミタリ𪜈外國人ヘ賣買質入書入等致シ金子請取又ハ借受候義一切不相成候事

第十二條（明治七年第五十二號布告ニテ改正ノ分）質入年季中天災ニテ地所流亡等其地ノ全形ヲ失フニ至ルトキハ地券ハ消滅スル理ニ付貸主ヨリ借主ニ對シ外地所又ハ物品ヲ代リ質ニ差入レサセ証文書替ヲ求ムルヿヲ得ヘシ若シ代リ質ニ差入ルヘキ地所物品等コレナキトキハ訴訟ノ末身代限リノ處分ニ及フヘク又池成野地成等ニ變換シ或ハ闕崩等ノタメニ其地ノ幾分ヲ失フトキハ變換ノ摸樣及殘存ノ大小ニ應シ規則ニ基キテ地券書替願出ヘキ義ニ付若シ其變換殘存ノ地ハ貸

金穀高ノ償ヲナスニ足ラサルト見込ム場合ニ於テハ貸主ヨリ借主ニ對シ外地所又ハ物品ヲ增質ニ差入レサセ証文書替ヲ求ムルヿヲ得ヘシ若シ增質ニ差入ヘキ地所物品等無之時ハコレ亦訴訟ノ末身代限ノ處分ニ及フヘキ事

但書故ノ如シ（但貸主借主相對示談ハ格別ノ事（改正前ノ但書））

第十三條（前條ニ同シ）質入ノ地所年期中天災ニ因リ荒蕪ト相成ハ貸主金主ヨリ起返ノ見込ヲ定メ借主地主承諾ノ証書ヲ取リ其管轄ヘ可願出尤入費ハ借主ヨリ償フ可キ事

但借主起返ノ入費ヲ出スヿ能ハサルトキハ証書ヲ以テ其地所ヲ貸主ニ引渡シ可申尤相對示談ノ處

置ハ格別ノ事

第十四條（前條ニ同シ）當今質入又ハ書入ニ致シ置年期中ノ分ハ總テ前文規則ニ照準シ當七月限リ証文相改可申事

第十五條（明治六年第百六十七號布告ニテ改正ノ分）是迄質入書入ニ致シ置候分ハ前約ノ年季据置不苦尤証文面等前文規則ニ觸レ候廉ハ總テ相改可申事

第十六條（明治七年第七十六號布告ニテ追加ノ分）從前取結ヒタル質入書入ノ約定ニテ明治六年七月三十一日前ニ期限ヲ過去リタル分ニテ債主ニ於テ貸金返濟方ニ付延期ノ勘辨ヲ加フル者ハ來十月卅一日迄ニ其地所所管ノ戸長役塲ヘ届出地所質入書入規則第九條ニ準シ奥

書割印ヲ受クヘシ若シ右日限内奥書割印ヲ受ケスシテ後日其証書ヲ以テ訴訟ニ及フ時ハ質入書入ノ証據ニハ相立サルニ付キ裁判上糶賣分配ノ時ハ先取ノ權利ヲ失ヒ質入書入ナキ貸借同様ノ處分ニ及フヘキ事

第四章　建物書入質規則 明治八年第百四十八號布告

第一條　金穀ノ借主又ハ預リ主ヨリ返濟スヘキ証據トシテ貸主 預ケ主ニ對シ引當ト為ス所ノ建物ノ圖面ト証文トニ戸長ノ公証ヲ受ケタル者ヲ貸主 預ケ主ニ渡シ置キタルヲ建物ノ書入質ト云フ（登記法參照）

第二條　書入質ト為ス建物自身所有ノ地所ニ建テ在ルトキハ書入質証文ニ自身持地ノ建物ナルヿヲ記入

スヘシ又借地ニ建テ在ルキハ書入質ヲ爲スモノ其地主ニ請ヒ其地主ヲシテ貸地タルヿヲ証スルノ奥書ヲ爲サシムヘシ若シ借地ノ建物ニシテ地主ノ奥書ナキ証文ハ書入質ノ效ナキニ付書入質ナキ借用証文ト看做スヘシ

但官有ノ借地ニ建テアル時ハ其所属官廳ニ請ヒテ其貸地タルヿヲ証スルノ奥書ヲ受クヘシ

第三條（登記法ニ依リ消ル）金穀ノ借主預リ主ヨリ建物引當ノ証文ト建物ノ圖面トヲ建物ノ在ル地ヲ管轄スル戸長役場ニ差出シ戸長ノ奥書割印ヲ受クルヿヲ公証ヲ受クルト云フ

第四條（右同○登記請求手續第五條參照）建物書入質ノ証文ニ添フタ

ル圖面中ニ書入質ト爲ス所ノ建物ノ圖ハ朱引朱字ト爲シ書入質ノ外ナル建物ノ圖ハ墨引墨字ト爲ス可シ

第五條（登記法ニ依リ削ル）戸長役場ニ於テハ建物書入質記載帳ヲ備ヘ置キ証文ノ奥書割印ヲ願出ル時ハ其大旨ヲ帳面ニ記入シ而シテ帳面ト証文トニ番號ヲ朱書シ割印ヲ押シ奥書ヲ爲シ圖面ニモ同シ番號ヲ朱書シ割印ヲ押スヘシ若シ戸長不在ノ節ハ其旨ヲ記シ副戸長奥書割印ス可シ

第六條（右同〇登記法第六條參照）建物ヲ以テ金穀借用又ハ預リノ引當ト爲シタル証文ニテ前條ノ規則ニ背キ公証ヲ受ケサル者ハ書入質ノ效ナキニ付書入質ナキ借用預リ

証文ト看做スヘシ

第七條　此規則施行以後建物書入質ノ借用証文又ハ預リ証文ニハ必ス返濟ノ期限ヲ定ムヘシ若シ其期限ヲ定メサル者ハ書入質ノ效ナキニ付書入質ナキ借用預リ証文ト看做スヘシ

第八條　此規則施行以前ニ契約シタル建物質入又ハ引當ノ借用金穀又ハ預リ金穀ニテ返濟期限ノ定メナキ証文ヲ所持スル者ハ明治九年二月廿八日迄ニ金穀借主預主又ハ其相續人ニ掛合此規則ニ從ヒタル書入質ノ証文ニ改ムヘシ若シ借主預主又ハ其相續人証文ヲ改メサル片ハ明治九年四月三十日迄ニ建物ノ在ル地ヲ管轄スル裁判所ニ訴フ可シ

但シ明治九年四月三十日ヲ以テ訴人發途ノ期ト定メ其訴人ノ住所又ハ寄留ノ地所ト裁判所トノ距離毎八里ニ一日ノ猶豫ヲ與フ

第九條　此規則施行以前ニ契約シタル建物質入又ハ引當ノ金穀借用証文又ハ預リ証文ヲ所有スル者ハ返済滿期ニ至ルト至ラサルトニ論ナク明治九年二月廿八日迄ニ金穀借主預主又ハ其相續人ニ掛合此規則ニ從ヒタル書入質ノ証文ニ改ムヘシ若シ預リ主借リ主又ハ其相續人証文ヲ改メサル𪜈ハ明治九年四月三十日迄ニ建物ノ在ル地ヲ管轄スル裁判所ニ訴フベシ

但書前仝斷

第十條　建物ノ在ル地ヲ管轄スル裁判所ニ於テハ原告人ノ訴狀ヲ受取タルヨリ三日內ニ裁判所ヨリ被告人ノ建物ノ在ル地ノ戸長ニ對シタル報知狀ヲ原告人ニ下付シ速ニ戸長ニ送達セシムヘシ右ノ報知狀ニハ何（府縣）管下住居寄留何某ノ訴訟ニ因リ何大區何小區何番地ノ建物ヲ書入質ト爲ス証文ニ公証スルヿヲ差留ムル旨ヲ記載スヘシ而シテ其訴訟落着ニ至リシ時ハ公証ノ差留ヲ解クヿヲ速ニ戸長ニ報知スヘシ（登記法參照）

第十一條　第八條及ヒ第九條ノ規則ニ背キ明治九年五月一日以後ニ至リ此規則施行以前ニ契約シタル建物質入又ハ引當ノ金穀借用預リ證文ヲ所有スル者ハ

書入質ノ效ナキニ付書入質ナキ借用預り証文ト看做スヘシ

第十二條　一棟ノ建物ヲ二重三重ニ書入質ト爲スコトハ嚴禁ナレ𪜈若シ第一番ノ金主ヘ書入質ト爲シタルヲ第二番ノ金主承諾ナレハ建物代價ノ餘分ヲ見込ミ又其建物ヲ書入質ニ借添ト爲スヿヲ得ヘシ尤モ借主身代限ノ處分ニ至ル𪜂ハ右建物糶賣ノ代金ヲ以テ第一番ノ者ヘ元利ノ金數ヲ引渡シ其餘金ヲ以テ第二番ノ者ヘ元利ノ金數ヲ引渡シ第三番以下右ニ準シ引渡スヘク若シ糶賣ノ金高ヲ以テ先ツ第一番ノ金主ヘ元利ノ金數ヲ引渡シ其餘金第二番ノ金主ヘ引渡スヘキ元利ノ金數ニ不足スル𪜂ハ其

不足ノ分ヲ償フコトハ平常書入質ナキ貸主ニ身代限ノ償却ノ例ニ從ヒ外物品糶賣代價ノ内ニテ相當ノ割賦ヲ以テ引渡スヘシ

但第二番ノ金主ニ渡シ置ク書入質ノ證文ニハ建物代價ノ餘分ヲ見込ミ借添ヘタル旨ヲ書載スヘシ

第十三條（登記法ニ依リ消ル○登記請求手續第十條參照）書入質ト爲シタル建物燒失流亡等ニ至リシ時ハ建物ノ所持主又ハ代理人ヨリ遲クモ七日内ニ其趣ヲ書面ニ記シ戸長役場ニ屆出ツヘシ戸長役場ニ於テハ建物書入質記載帳ノ朱書番號ニ引合セ朱筆ヲ以テ點合ヲ爲シ其傍ニ燒失流亡等ノ趣ヲ畧記シ年月日ヲ記シ戸長ノ實

印ヲ押スヘシ

第十四條　書入質ノ建物燒失流亡等ニ至リシトキハ貸主ヨリ借主ニ對シ代リ質ヲ受取ルノ求メヲ爲スコトヲ得ヘシ若シ借主代リ質ヲ出スコトヲ肯ハス又ハ出シ能ハサルトキハ借用金穀返濟期限未滿内ト雖モ貸主ヨリ借主ニ對シ元利返濟ヲ求ムルノ訴ヲ爲スコトヲ得ベシ

（書式ハ登記法ニ依リ消滅シタルヲ以テ畧之）

○建物賣買讓渡規則

第一條　自身所有ノ地ニ建テ在ル建物ヲ賣渡シ又ハ讓渡シヲ爲サントスル者ハ賣渡讓渡証文ト圖面トニ戸長ノ奥書割印ヲ受クヘシ又借地ニ建テ在ル建物

ノ賣渡讓渡証文ニハ其地主ニ請ヒ其地主ヨリ貸地タル
ヿヲ証スルノ奧書ヲ受ケタル上ニテ戸長ノ奧書割
印ヲ受ク可シ（登記法參照）

第二條　建物ノ買受又ハ讓受ヲ爲サント欲スル者ハ
自身又ハ其代人建物ノ在ル地ノ戸長役場ニ至リ建
物書入質記載帳ヲ見合シタル上其賣渡讓渡ノ証文ヲ受
取リ然シテ後ニ戸長役場ニ至リ戸長又ハ副戸長ノ
面前ニテ何大區何小區何番地ノ何番ノ建物ヲ何某
ヨリ買受讓受タル旨ヲ書入質記載帳ニ記入シ年月日並
ニ苗字名ヲ記シ實印ヲ押スヘシ（登記法參照）
但官有ノ借地ニ建テ在ルトキハ其所屬官廳ニ請ヒ
テ其貸地タルヿヲ證スルノ奧書ヲ受クヘシ

第三條〔登記法ニ依リ消ル〕戸長役場ニ於テ建物賣渡讓渡證文ノ奥書割印ヲ願出ル時ハ是亦建物書入質記載帳ニ記入スルヿ及ヒ證文ニ奥書シ圖面ニ割印スルヿ建物書入質規則第五條ニ準シ公證ヲ與ルノ手續キヲ爲スヘシ

第四條　書入質ト成リタル建物ヲ買受讓受タル者ハ其建物ノ書入質トナリタル金數ノ償却ヲ引受クヘシ但シ買受讓受人ニ於テ其建物所有ノ權ヲ拋棄スル時ハ書入質ノ金數ノ償却ヲ引受クルニ及ハス〔登記法參照〕

第五條　第四條ノ場合ニ於テ戸主ノ後ヲ受ケタル相續人ハ前戸主ヨリ讓受ケタル建物所有ノ權ヲ拋棄スト雖モ書入質ノ金數ノ償却ヲ引受ク可シ

（書式ハ登記法ニ依リ消滅シタルヲ以テ畧之）

第五章　雜

第一款　登記所職制　明治十九年司法省訓令第三十一號

裁判所、府縣

登記法第三條ニ基キ登記事務ハ治安裁判所判事及ヒ登記所々在ノ郡役所戸長役場ノ郡長戸長ヲシテ之ヲ取扱ハシム但治安裁判所書記郡書記及戸長役場吏員ハ判事郡長戸長ノ命ヲ受ケ事務ノ補助ヲ爲スコトヲ得

第二款　登記所位置及ヒ管轄區域　明治十九年司法省令甲第四號

登記所ノ位置及ヒ管轄區域別紙ノ通之ヲ定ム

（別表畧ス）

○明治十九年司法省訓令第三十七號　北海道廳、府縣沖繩縣ヲ除ク

本年當省令甲第四號ヲ以テ登記所位置及ヒ管轄區域相定候ニ付テハ自今郡區町村ノ分合改稱等アル時ハ其旨當省ヘ屆出ツヘシ

第三款　登記書式明治十九年司法省訓令第三十三號

裁判所、登記所

登記簿及ヒ登記簿謄本其他登記ニ關スル帳簿等ノ程式別冊ノ通之ヲ定ム

（別册ハ別ニ頒ツ）（別册畧之）

第四款　登記及ヒ記入命令書ノ下付明治十九年司法省訓令第三十六號

裁判所

登記法施行ニ付テハ本年當省令甲第五號第七條ニ依リ命令書ノ下付ヲ請フ者アル場合ニ於テ之ヲ相當ナリトスル時ハ其請求者ニ命令書ヲ下付スル義ト心得ヘシ

第五欵　假差押ノ請求 明治十九年司法省告示第七號

本年法律第一號ヲ以テ登記法創定セラレタルニ付テハ明治十五年第六十號布告公證猶豫願ノ手續ハ明治二十年二月一日以後消滅スヘキヲ以テ地所建物船舶ニ對シ假差押ヲ爲サント欲スル者ハ管轄裁判所ニ其請求ヲ爲スヘキモノトス

第六欵　後見人ノ登記請求 明治十九年司法省訓令第三十九號

裁判所、登記所

來ル明治二十年二月一日以後登記法施行ニ付後見人ヨリ地所建物船舶ノ登記ヲ請フトキハ明治十六年七月十八日内務省達ノ通リ其証書又ハ願書ニ親屬連署ノ上ナラテハ登記ヲ爲サヽル義ト心得ヘシ

〔參照〕明治十六年七月十八日内務省番外達

府　縣

後見人職務權限ノ儀ニ付別紙ノ通太政官ヘ相伺御指令相成候條爲心得此旨相達候事

後見人職務權限ノ儀ニ付伺

後見人規則發布ノ儀ハ目下急施ヲ要スル事項ニ付客年四月十三日上稟シタル旨趣モ有之就テハ伺出ノ府縣ヘ追テ一般ノ法律制定相成マテ地方從來ノ慣習ニ依リ可取扱旨指令及ヒ來候處爾後後見職

務ノ權限伺出ル府縣夥多有之抑後見人ハ當初親屬ニ於テ選任シタルモノナレ𪜈常ニ監察スヘキ方法モ無之ニ付規則御制定マテ不動產賣買讓渡質書入等ニ限リ其證書又ハ願書ニ親族連署ノ上ナラテハ戶長ニ於テ公證ヲ與ヘサル樣相定メ其旨指令及ヒ度右ハ未タ成規モ無之相伺候也

明治十六年五月卅日　　　　　　　　　　　　內務卿山田顯義

太政太臣三條實美殿

伺之趣聞屆候事

明治十六年七月三日

第七欵　登記所用紙 明治十九年司法省訓令第三十三號

北海道廳府縣 沖繩縣ヲ除ク

來ル明治二十年二月一日ヨリ登記法施行ニ付テハ登

記所ニ於テ要スル帳簿用紙及ヒ表紙等ハ始審裁判所ヨリ下渡スヘキヿニ内決セシニ付今般登記所トシテ開申セシ郡役所及ヒ戸長役場ニ於テ左ノ書式ニ準シ凡壹ケ年間ニ要スヘキ帳簿等ヲ豫算シ本年十二月十五日マテニ始審裁判所ニ請求ヲ爲サシムヘシ

（書式）　請求書

一登記簿　何冊

内　何冊　紙數何枚

何冊　紙數何枚

一登記簿謄本用紙　紙數何枚　何部

一登記簿拔書用紙　何枚

一登記件數表用紙　何枚

一登記料及手數料領收証用紙　何　枚
一登記受付帳用紙　何　枚
一登記見出帳用紙　何　枚
一登記簿謄本下付帳用紙　何　枚
一登記濟証下付帳用紙　何　枚
一印鑑簿用紙　何　枚
一帳簿ノ表紙　何　枚

右及請求候也

年　月　日　某郡役所長戸役場

某始審裁判所御中

○

始審裁判所

今般北海道廳府縣ヘ登記簿用紙及ヒ表紙等請求方ノ

義別紙ノ通訓令及ヒタルニ付其旨心得ヘシ
治安裁判所用ノ登記簿及ヒ登記簿謄本用紙等ハ其廳ヨリ之ヲ下付スヘキヿニ内決セシニ依リ管轄治安裁判所於テ左ノ書式ニ準シ凡ソ一ケ年間ニ要スヘキ帳簿及ヒ用紙等ヲ豫算シ本年十二月十五日マテニ其廳ニ請求ヲ爲サシムヘシ

（書式）　請求書

一登記簿　何冊
　内　何冊　紙數何枚
　　何冊　紙數何枚
一登記簿謄本用紙　何部
一登記簿抜書用紙　何枚

一登記件數表用紙　何枚
一登記料及手數料領收證用紙　何枚
右及請求候也
年　月　日　某治安裁判所
某始審裁判所御中

第八欵　公證書類引繼 明治十九年內務省訓令第二十七號

北海道廳、府縣 沖繩縣ヲ除ク

本年十二月司法省令甲第四號ヲ以テ登記所ノ位置及ヒ管轄區域相定侯ニ付テハ從前區役所戶長役場ニ於テ取扱タル地所賣買讓渡質入書入奧書割印帳並ニ建物船舶賣買讓渡書入質記載帳及右物件ニ關スル差押又ハ公證猶豫願ノ書類等悉皆取纏メ各葉ノ合目ニ契印

シ一帳簿毎ニ其紙數ヲ記シ之ニ官印ヲ捺シ別ニ引繼帳簿目錄ヲ調製シテ來ル明治二十年一月二十九日ヲ以テ管轄登記所ヘ引繼方取計フヘシ

○明治十九年司法省訓令第三十八號

登記所

本年十二月内務省訓令第二十七號ヲ以テ從前區役所戸長役場ニ於テ取扱タル地所賣買讓渡質入書入奥書割印帳並ニ建物船舶賣買讓渡書入質記載帳及ヒ右物件ニ關スル差押又ハ公證猶豫願ノ書類等悉皆取纏メ各葉ノ合目ニ契印シ一帳簿毎ニ其紙數ヲ記シ之ニ官印ヲ捺シ別ニ引繼帳簿目錄ヲ添ヘ來ル明治二十年一月廿九日ヲ以テ管轄登記所ヘ引繼方ノ義相達候ニ付テ

ハ登記所ニ於テハ其受取方取計フヘシ

登記法實用大尾

明治十九年十二月二十二日板權免許
仝　二十年　五月　日五版

定價金六拾五錢

著者　熊本縣士族　坂崎儁
東京麴町區三番町三十番地寄留

出版人　岐阜縣士族　竹內拙三
東京京橋區銀座貳丁目拾五番地

發兌　東京銀座三丁目　報行社

內務省衛生局御編纂

內務省衛生局長正五位勳三等長與專齋君序

○日本鑛泉誌

上卷　定價金壹圓五拾錢　正價金壹圓廿錢

中卷　定價金壹圓五拾錢　正價金壹圓廿錢

下卷　定價金壹圓五拾錢　正價金壹圓廿錢

○製本体裁ハ敝社ニ於テ發賣スル處ノ內務省御藏版衛生現行法規通金字入美本銅版著色地圖全國府縣切圖十三葉入

要目

○鑛泉ノ意義及其尋常泉トノ區別

○鑛泉分類法

○鑛泉用法　附氣候療法

○全國各鑛泉位置分析表

○鑛泉冷温ノ區別

○鑛泉醫治効用

○鑛泉利用及管理法

右ハ曩ニ獨乙國フランクフルト府萬國鑛泉博覽會ヘ鑛泉圖出品ノ擧アルニ際シ蒐集セラレタル材料ヲ本トシテ収錄サレシ者ニ係リ乃チ衛生局創立以來各鑛泉ノ位置氣候山川風土ノ模樣及ヒ發見ノ年月等ヲ詳錄シ且ツ技術者ヲシテ其泉質ヲ分拆シテ以テ類ヲ分チ醫治効用ノアルトコロヲ顯著ニシ併セテ各種ノ病名浴法等ニ至ルマテ最丁寧緻密ニ調査セラレシ書ニシテ毎卷ニ精査ヲ極メラレタル銅版着色ノ各府縣切圖ニ符號等ヲ附シテ温泉ノ性質及ヒ冷温等ニ至ルマテ一目明晰タラシムル古來未曾有ノ精微妙典ナリ依テ各温泉場旅館ハ固ヨリ各府縣郡區役所病院醫學校等ノ別ナク苟リニモ衛生ヲ重ンスルノ士ハ座右欠クヘカラサル最貴重ノ書也己ニ官報第八百六十

三號以下廣告ノ通幸ヒ内務省ヨリ敝社ヘ發賣ノ榮命ヲ蒙ムリ毎巻該局ノ御撿印ヲ受ケ發兌仕候ニ付テハ可相成部數金員共御取纏メ至急御注文アランヿヲ希望ス

内務省衛生局御編纂

○衛生現行法規 全

洋裝金字入美本
壹冊定價金壹圓三十錢
再版ロ 正價特別九十錢

右ハ内務省衛生局ニテ自明治元年至十七年十二月衛生規則布告達等一切無漏卅四項ニ分チ類別編纂セラレタル者ナレハ諸官廳郡區役所及戸長役場醫師藥舗等ハ勿論目下悪疫流行ノ際ナレハ衛生上寸時モ欠クヘカラサル最必用ノ良書ナリ

内務省社寺局御編纂

○社寺法規

洋裝金字入美本
定價金壹圓二十錢
正價金壹圓

右ハ内務省社寺局ニ於テ該局ノ創始ヨリ明治十七年十二月ニ至ルマテ社寺ニ關スル諸法令布告達等毫モ無遺漏集輯網羅セラレタル書ニシテ神官僧侶諸君ハ固ヨリ苟ニモ二務ニ關係ヲ有スル諸官衙郡區役所及戸長役場等ニハ最必要ニシテ几案間ニ欠クヘカラサル實典ナリ

陸軍中將從三位伯爵山田顯義君題字
陸軍中將從四位子爵鳥尾小彌太君題字
東京府少書記官正七位渡邊孝君序
東京府本所區長從六位竹内節君題字
大辻謙吉君編纂

◯徵兵令集成 完

一名徵兵令手引草

脊革洋裝金字入美本
定價金壹圓三十錢

正價金壹圓四錢

此書ハ本令發布已來十八年十月ニ至ル迄ノ布告達伺指令事務條例事務取扱手續等各本條ノ間ニ挿入列舉シテ漏ス無ケレハ一目ノ下ニ事務條例及手續ヲ瞭然スルヲ得可キ良書ナレハ郡區廳戸長役塲等ニハ最必要ノ良書ナリ

大日本陸軍大將一品大勳位熾仁親王殿下題字
仝陸軍中將從三位勳二等子爵曾我祐準大人序
仝海軍少將從四位勳二等赤松則良大人序
仝從五位川田剛先生序
仝栗本鋤雲先生序

大清長洲王紫詮先生序
仝嶺南伍廷芳先生序
仝北京張滋昉先生序
仝天津沈守琴先生序
仝寶山蔣同寅先生序
仝上海沈蒿齡先生序

◯法越交兵記

自卷壹至卷五合卷六百ペーヂ正價金壹圓六拾錢但安南全圖戰略圖寫眞銅版共十六葉挿入脊革上等製本金貳拾錢增

大日本　曾根俊虎先生輯著
大清　王紫詮先生刪纂
越南　元荷亭先生校閲

本書ハ海軍大尉曾根先生ノ著述ニシテ先生カ十數年間清國ニ留學シ清佛戰爭ノ際モ同國漫遊中ナリシヲ以テ清國大儒王紫詮先生ト佛軍カ安南ヲ陷レテ清國ニ向ハントスルノ戰狀ヲ詳記シ安南欽差大臣元述氏カ校閲ヲ經シ書ニシテ安南ノ地理人情風俗佛國カ攻擊ノ源因海陸戰爭ノ現狀等細大漏スナク記載シ安南著名ノ都府宮殿士人ノ風俗

等數十葉ノ寫眞ヲ挿入セシモノニシテ畢竟日本支那安南三ヶ國ノ名士ニ由テ編成シ文体ハ半ハ支那通俗文ニ本邦ノ訓點ヲ附シ先生カ得意ノ流暢正雅ノ文ヲ以テ著ハサレシ書ナルカ故ニ師範學校中學校若クハ高等小學校ノ作文摸範トナルヘク又タ歐洲各國及支那國等ノ政略國情ヲ詳悉スヘク即チ身佛國ノ國會ニ立テ主和主戰軍資支出ノ激論ヲ傍聽スルカ如ク又清國李鴻章ノ主戰左宗棠ノ主和激烈討論清國官吏論難ノ條ニ至レハ身支那總理衙門ニアツテ其ノ論ヲ目擊スルカ如ク且ツ安南ハ彼ノ越裳氏ト唱ヘシ三千年ノ舊國ニ係リ事々物々風俗ノ奇且妙ナラサルナク近年亞細亞洲ノ事情ヲ記スル著述中ノ大宗ニシテ尋常一樣ノ書ト同一視セラルヽナク御愛讀アランヿヲ企望ス

赤穗義士故間喜兵衛遺編加納川口一雄校閲幷序

挿畫 **功名咄** 洋裝定價金四拾錢 正價金二拾錢

此書ハ川口氏ノ秘藏ニシテ同藩某氏ノ前世某元祿ノ昔赤穗城受取リノ爲メ派遣ナリタル加納藩隊士中ノ一人ニテ淺野家諸臣ノ邸宅ヲ查收ノ際間氏カ親シク贈リタル者ヲ謄寫セラレシ傳來正シキ珍書ナルカ其記スル所悉ク武人ノ親驗獨得ノ說話往々記セスノ今日ノ究理說ニ默契スル者有ルヲ以テ無聞ニ埋沒センヿヲ患ヒ印刷シテ以テ世ニ公ニスルニ至レルナリ

栗本鋤雲先生校閲並序
竹內拙三編纂

○**凶歲必携** 全 洋裝定價金四拾錢 正價金二拾錢

人生百年其遭遇中ノ尤慘毒ヲ極ムル者ハ凶歉ニ如ク無キ也然シテ之ヲ救フハ古ヨリ奇策ナシト爲ス故ニ往々餓莩道ニ殣タルヲ免レス我天保ノ昔及支那朝鮮ノ近事ヲ觀レハ誰カ毛髮悚然タラサラン明政府ノ十三年ヲ以備荒貯蓄ノ令ヲ布キ本年第二十號ヲ以農家ニ勤勉ヲ勸メラレタル如キ仁意ノ在ル所ヲ伺ヒ知ル可シ因テ今虞備ノ豫メセサル可カラサル勉勵ノ平日ニ在ルヲ示サンカ爲メ其慘狀ト救方トヲ古今人著書中ヨリ抄出編ヲ爲シ以テ人ニ治メタル、人ニ示シ併セテ人ヲ治ル人ニ告ク爲トセリ

報知新聞記者岡敬孝君編輯

○古今相撲大要

全　壹册定價金三十五錢　正價金二十錢

右ハ報知新聞記者岡敬孝氏カ編纂ニシテ其ノ著シキ項ヲ擧クレハ本邦相撲ノ起原人皇三十五代皇極天皇御代相撲節會ノ儀式鎌倉時代流行ノ摸樣徳川家吹上禁苑上覽相撲ノ事等ヨリ十七年三月芝離宮ニ於テ天覽アラセラレタルニ至ル迄千有余年間凡ソ此技ニ關スルコト擧ケテ殘サス且ツ後ヘニ四十八手ノ圖並ニ其詳解ヲ付シ是レカ本職ナル木村式守両氏カ校閲ヲ經タルモノナレハ此技ヲ嗜マルヽ人ハ勿論本邦歴史ノ參照トモ爲ルヘキ良書ナリ

ラフヱリヱール氏纂輯　曲木如長譯　井上毅　荒川邦藏　共閲

○瓦敦堡憲法

全一册　定價金廿錢

ラフヱリヱール氏纂輯　曲木如長重譯

○巴威里憲法

全一册　同　廿五錢

グナイスト氏原著　小松濟治譯
○建國說　一名法治國論　全三冊　一冊定價金四十五錢　二冊以下續刻

シユールチエ氏原著　木下周一譯
○國權論　全六冊　一冊定價金貳拾七錢

フオン、スタイン氏原著　荒川邦藏譯
○國理論　全一冊　定價金六錢

ブルンチユリー氏原著　平田東助譯
○國家論　第一卷定價金四十錢　第二卷定價金三十五錢

シユールチエ氏原著　木下周一　荒川邦藏共譯
○孛漏生國法論　第一第二第三卷定價各金四十五錢第四卷定價金七十五錢第五第六第七卷定價各金四十五錢第八第九第十第十一卷各金三十五錢

ブルンチユリー氏原著　中根重一譯
○政治學　第一第二第三第四第五定價各金四十錢後卷續刻

山脇玄校閲　飯山正秀纂譯
○獨逸法律政治論纂　全四冊　定價金八拾錢後卷續刻

ヒユー、デグレー氏原著　平田東助閲　中根重一譯
○獨孛政典　第一卷定價金廿五錢第二第三卷定價金三拾錢第四卷金貳拾五錢

山脇玄　今村研介共譯
○獨逸裁判所編制法（第二版）　全壹冊　定價金貳拾錢

山脇玄　今村研介共譯
○獨逸刑法（第二版）　全壹冊　定價金四拾錢

山脇玄　今村研介共譯
○獨逸治罪法（第二版）　全壹冊　定價金四拾五錢

山脇玄　今村研助共譯
○獨逸訴訟法　全壹冊　定價金壹圓拾錢

山脇玄　今村研助共譯

○獨逸六法商法　近刻

ブルンチユリー氏原著　山脇玄　飯山正秀共譯

○萬國公法戰爭條規　一冊　定價金廿錢後卷續刻

乘竹孝太郎纂譯

○單複本位貨幣論集　全一冊　同　金四拾錢

片山平三郎君譯

○寳氏經濟夜話　全一冊　同　金二十錢

石川映作君述

○米伊紙幣交換始末　全一冊　同　金五錢

○貨幣貿易要論　全一冊　同　金廿錢

米國ケーリー先生著　日本經濟會委員犬養毅先生譯

○圭氏經濟學　西洋綴　美本　卷之一　卷之二　卷之三　四　近刻　定價金八拾錢　定價金九拾錢　定價金壹圓廿錢

日本赤坂龜次郎譯
○庥氏理財學　全三册　卷一刻成　以下續刻　同　金三拾錢

田口卯吉君著
○自由交易日本經濟論　全一册　同　金貳拾五錢

田口卯吉君編輯
○商家必携手形之心得　全一册　同　金拾五錢

高田早苗君著
○貨幣新論　全一册　同　金壹圓貳拾錢

ロッシェル氏原著　關澄藏　平塚定二郎共譯
○農業經濟論　近刻

石川映作君譯
○富國論　第一卷　第二卷　同　各壹圓

石川映作君譯
○富國論擥要　上卷　同　金四拾錢

藤田靜君　後藤博見君
伴直之助君譯
○銀行論　第一卷　定價金九拾錢
　　　　　第二卷　同　金七拾錢

○撿稅至要　同　金五拾錢

尾崎行雄君譯
○英國議院政治總論
○英國制度沿革史　合卷　賣價金貳拾貳錢五厘

同
○英國王權政府諸會議篇
○英國議院政府樞密院篇　合卷　同　金貳拾錢

同　○英國內閣執政篇　全一冊　同　七拾貳錢五厘

同　○英國王權篇一　一冊　同　金五拾五錢

同　○英國王權篇二　一冊　同　金七拾八錢

東京專門學校法律學講師
法學士山田喜之助氏著述
○英國私犯法　全一冊　定價八十五錢

本篇ハ國民相互ノ民事上ノ權理義務ヲ網羅蒐輯メ科ヲ別チ編ヲ立テ第一法理ヲ掲ケ第二解釋ヲ施シ第三裁判案ヲ擧ケ例証トシ權理回復手續損害ノ計算法等ヲ明瞭ニ辨晰セリ法律學ニ志アル士ハ勿論政治ニ熱心ナルノ士モ熟讀メ國民タルノ權理義務ノ大要ヲ知ルコヲ得ヘシ

英國ヘルプス氏著　中田直哉譯述
○政治考察論　金五拾五錢

右ハ英國有名ノ政治家ヘルプス氏ノ著ニメ立憲政體ニ基キ氏カ多年ノ經驗ヲ以テ政治上諸般ノ考察ヲ論明セル有益ノ政學書也其議論ノ正確適實ナルハ讀者ノ能ク判斷スル所ナラン

同
○新定内閣政規　全一冊　同　金二十五錢

山田喜之助君著
○英米代理法　全一冊　同　金壹圓

同
○英米親族法　全一冊　同　金壹圓廿錢

福澤諭吉立案　中上川彦次郎筆記
○時事大勢論　全　同　金拾貳錢五厘

米國意爾利基德原著　日本吉田基譯
日本長沼熊太郎閲
○演説法鑑　正價二十五錢

砂川雄峻君纂著
○英米契約法　上卷一冊出版　同　金八拾錢

故小野梓君著
○民法之骨　上卷一冊出版　同　金六拾四錢

同
○東洋論策　第一冊　同金三拾貳錢

東洋學人小野梓先生著
○國憲汎論　假裝分本全三冊　賣價各金壹圓

ラートゲン氏講述　獨逸學協會譯
○行政學講義錄（第二版）上篇　定價金壹圓

○手形條例解譯　同　金拾錢

○改正徵兵令解譯　同　斷

井上義行編纂
○陸軍刑法釋義　二冊　金四拾錢

○徵兵必携陸軍刑法治罪法俗解附恩給令　全一冊　定價十八錢

○軍人訓誡　金三錢

○陸軍海軍刑法　合本　金八錢

○戒嚴令徵發令徵發事務條例　合冊　金拾錢

○質屋取締條例解譯　定價金十二錢

○地租條例詳解　附地所讓渡抵當雛形　同拾錢

○商標條例解譯　附證劵印稅規則　同　金十二錢

田口卯吉君著
○日本開化小史　全六冊　同　金九十錢

同
○支那開化小史　卷之一　卷之二　同　各金二十錢

同
○日本開化之性質　全一册　同　金十五錢

同
○日本之意匠及情交　全一册　同　金十五錢

矢野文雄君纂譯補述
○齊武名士經國美談　全一册　定價金九拾五錢

藤田茂吉君　尾崎庸夫君合譯
○諷世嘲俗繫思談　初編出版　同　金壹圓三十五錢

藤田茂吉君著
○文明東漸史　全一册　同　壹圓三拾八錢

矢野文雄君著
○日本文體文字新論　全一册　同　金八拾五錢

林包明君著
○學理汎論　全一册　定價金四拾錢

同
○尚武論　全一冊　同　金三拾錢

同
○通俗地租改正私議　全一冊　同　金貳拾錢

有賀長雄君著
○社會進化論　全一冊　同　金壹圓貳拾錢

同
○宗教進化論　全一冊　同　金壹圓三拾貳錢

鈴木省吾君編
○金氏言行錄　全一冊　同　金五拾錢

末廣重恭君著
○政治小說雪中梅　全一冊　同　金六拾錢

中井弘君著
○漫遊記程　全三冊　同　金六十五錢

矢野文雄君著
○周遊雜記　全一册　同　金九十五錢

○米國前大統領虞蘭度將軍傳　同　金三拾錢

小鹿島果君纂著
○日本食志　全一册　同　金壹圓七十五錢

桂二郎君著
○葡萄栽培新書　全壹册　同　金五十錢

後藤象二郎公　內務次官芳川顯正公序
伊國マキアヴエリー氏原著　杉本清胤先生譯
○經國策　完石版肖像入　同　金六拾錢

中江篤介先生著
○理學鉤玄　洋裝美本　全一册　同　金壹圓

三洲長炗先生題字　長春園廣瀨貞恒先生遺著
○小說箒木　全五册　一册ニ付改正定價金二十錢
第三册出版

學堂居士尾崎行雄先生著
大隈重信公序
藤田鳴鶴、末廣鐵膓、犬養木堂、吉田韜庵諸先生評

○世界奇觀 經世偉勳　前編 全壹冊　洋裝美本 石版畫入再版　定價金九十五錢

敬宇中村先生序　湯目北水先生編纂

○歐米女權　全一冊　定價金三十錢

此篇歐米ノ女子皆ナ學術工藝ニ心ヲ寄セ其自力ニ應スル者ヲ勉メ獨立ニテ其身ヲ修メ協同シテ社會ヲ益シ女子天賦ノ本性ヲ全フスル現今ノ有樣ヲ縷述精論セルモノニシテ烈婦貞女ハ勿論苟モ世ノ教育ニ心アル者一讀ス可キノ良書也

英國ジユルス、ウエルチ氏原著　合譯
日本三木貞一君　高須治助君

○拍案驚奇 地底旅行　全一冊美本洋製石版密畫入　定價金九十錢

彼ノ地小說家ノ泰斗たる「ジユルス、ウエルチ」氏が一世の學嚢を縉き博物學測地學よ基キ噴火の山洞より大地の中底よ入り地球の內部を縱横に旅行し上代に存在せる珍世界異木を探究し今代よ絶滅せる怪禽猛獸を搜索し毎回の奇想殆と天外より落つ素より學術上大活眼を開きたる浩瀚の書なるに之を結構絶妙の小說ゟ綴りたるなれば其奇書たるハ言を俟たず且つ寫眞石版の密畫數多を加へ一々禽獸草木の珍奇を示せるハ原書と毫厘を違へず一讀して拍案驚奇の誣さるを知れ

土岐要人序　小河猶興著

○馬匹飼養騎乘法完　細圖入かな付　定價三十錢

此書は初め馬体の善悪と評し全体の名稱を詳にし性質歳齢飼料廐の構造取扱法使役疾病療治法に至る迄匹馬一切の事を説明し騎乘法に至りては身体の姿勢行進又は馬を駐むる法或は乘り下り障碍物と飛越又は水中に乘り入る法或は馬の怒りを發する時の心得方馬具の名稱等悉く細圖を以て明瞭にし附するに乘馬飼養令を加へ苟も蓄馬家たる者は華士族農工商を不論一本を購ひ大益する處あらしめんとそ

堀内正路著

○千家正流茶の湯客の心得全一冊細圖入　金四十錢

此ハ千家直傳ノ免許ヲ受タル堀内大人ノ新著ニシテ千家茶道ノ奥秘ヲ知リ又タ客タルノ心得ヲ知リ尋常一樣ノ茶テ人ノ企及ブヘキニ非ズ苟モ茶ヲ好ム者ハ一本ヲ備ヘテ千家ノ奥意ヲ學ブノ捷徑ニ供ス可シ

湯淺新兵衛著翻刻

○常山記談　十五冊　金壹圓九拾五錢

サンデル氏原著　長與專齋校閲　柴田承桂譯

○公衆衛生論　全一冊　定價金廿錢

リヨースレル氏演舌　荒川邦藏筆記

○獨逸學ノ利害及國家ニ對スルノ得失　全一冊　定價金六錢

グロート氏　田中稻城合著
○獨逸讀本　全一册　定價金四十錢

平塚定二郎編輯
○獨逸文法階梯　全二册　前篇定價金三十五錢
後篇定價金三十錢

長嶺讓譯
○地理重學階梯　金七拾錢

唐澤忠備編纂
○地理圖學初級教程　附圖共二册　金四十五錢

○鷄林地誌　全一册　金五十錢

岡本賢輔
○萬國史記　十册　金貳圓六十錢
薄葉金三圓

大久保春野譯
○拿破崙一口話　金貳拾四錢

石龜法師集述
○佛門眞宗大意　全一冊　同　金六十五錢

千岸河貫一編輯
○少年教誨　一冊　定價金拾錢

高橋二郎論述
市川銀之助校補
○校補耶蘇新論　一冊　同　金拾錢

大内靑巒撰
○日本佛教史畧　上卷　同　金貳拾五錢

文學士井上圓了先生著
○哲學要領　前編　同　金三拾五錢

○增補校訂教家必攜　一冊　同　金八錢

沼間守一　末廣重恭君題字
高橋鶴太郎君編輯
○談演傍聽筆記符號獨學　一冊　同　金三拾錢

文學士井上圓了先生著
○哲學一夕話　第一編　同　金七錢
第二編　同　金九錢

大内青巒閲評
相良尚辰摘譯
○原道要史　二冊　同　金五拾錢

遠藤孝一先生著
THE GENTLEMEN,S MODEL LETTER WRITER
○英語尺牘例題　完　定價金參拾錢

越川文之助君譯
○英和對譯尺牘例題　洋裝全壹冊　同　金壹圓五十錢

藤田潜君譯
○合衆國史直譯　洋裝小本全三冊　定價第一、第二金廿五錢宛
第三定價金三十錢

同
○合衆國史直譯　洋裝全壹册　實價金五十五錢

○英和字彙　全一册　同　金參圓八拾錢

小栗栖香平君纂譯
○獨和字典大全　全一册　同　金七圓

スウイントン氏
○英文典　定價三拾五錢

大内青巒題字
佐野正道編輯
○英語節用集　同　金三拾錢

井上哲二郎君　有賀長雄君合著
○哲學字彙　全一册　同　金六拾錢

經濟雜誌社譯
○政事類典　全五册　同　金拾貳圓

經濟雜誌社編輯
○大日本人名辭書　全二冊綴 全四冊綴 共　同　金拾貳圓

齋藤恒太郎君纂述
○和譯英文熟語叢　洋装 全壹冊　同　金貳圓八拾錢

英人デーグソン氏著
○ワレンヘスチングス論註釋　洋装 全壹冊　同　金七十錢

英人デーグソン氏著
○デーグソン氏英文典　洋装 全一冊　同　金五十五錢

紅林員方君譯
○英獨和譯作文會話新篇　洋装 全三冊　定價金五十錢

帝國文科大學教授物集高見先生著
○てにをは教科書　全壹冊　同　金十八錢

仝
○かなづりひ教科書　全一冊　同　金十五錢

仝
○言文一致　全一冊　同　金拾四錢

華族女學校學監下田歌子編
○和文教科書　第一帙　同　各金五十錢
第二帙

七官學校編纂
○算學講本　算術卷ノ一　金三十五錢
○同　代數卷ノ二　金三十五錢
○同　平面幾何卷ノ三　金五十錢
○同　立体幾何卷ノ四　金四十五錢

淸人沈文熒譯　園田弘輯
○日本神字考　正板全二册大本　定價金五十錢
右ハ日本古代ノ文字ト稱スルモノ支那上世ノ字ト符合スルヲ發明シ淸人沈文熒氏之ヲ讀ミテ一々譯文ヲ付シタレハ神官國學者ハ勿論學者一本ヲ求メテ大ニ益スル所アラン

太田資逢纂輯

○音訓兩點六體字格　銅版一冊　定價金四十錢

本書眞艸行隷篆八分ノ六體ヲ字引體ニ纂輯シ求ムルノ字之ヲ掌ニ揭グルカ如シ

故東湖藤田彪先生著

○銅版袖珍回天詩史　小本全二冊　定價金二十五錢

此書ハ悲憤慷慨一讀儒夫モ亦振起スルハ世ノ偏ク知ル處別ニ云フヲ用ヰザル也

芳野金陵著　釋日正輯

○譚故書餘金陵文抄　半紙摺全二冊　定價金五十錢

此書ハ宿儒金陵先生カ縱横ノ筆ヲ以テ記セル孝子節婦忠臣義士或ハ國ノ爲メニ死シ或ハ義ノ爲メニ死シ或ハ復仇或ハ逸事凡數十篇ヲ集輯セシモノニテ筆々活動一讀卷ノ終ルヲ覺ヘサラシム且ツ學者記事文ヲ習フノ好摸範タルヘキ絕作ナリ

服部誠一先生序

三木愛花情仙　明月樓主人輯

○新撰掌中詩學捷徑　折本一冊　定價金二十五錢

右ハ二字三字ト詩中ノ佳語妙句ヲ集メタル詩家掌中ノ至寶也

○小說字林　一名支那俗語　定價金七十錢

右ハ支那小說ノ熟字及ヒ俗語等數萬ヲ蒐集シテ傍ラ音譯ヲ附シ專ラ搜索ノ便ニシタル辭書ニシテ該國ノ傳奇小說或ハ俗語ヲ學ハント欲スル者又ハ正史中ニ間マ挿ミアル俗字ヲ解得スルニ苦ミ若クハ我朝ノ稗官新聞記者通辯官タラント欲スル者等ハ必ス座右ニ欠ヘカラス

鳥越未譽至輯

○明治新刻眞草早引節用集大全　銅版摺壹冊金五十錢

此書世ニ行ルヽ者多ト雖モ今世ノ用ニ適スル者鮮シ此集ハ專ラ舊慣ノ弊ヲ一洗シ目今適用ノ文字ハ渾テ漏サヽルノ書也

有賀長雄君著

○族制進化論　全一冊　同　金八拾錢

坪內雄藏君譯

○該撒奇談　全一冊　同　金壹圓

柴四朗君著

○佳人之奇遇　五冊出版　定價金壹圓六拾五錢

學堂尾崎行雄先生著、矢野文雄、末廣重恭、藤田茂吉
森田文藏、井上貫一郎諸先生序評

○後篇 經世偉勳　洋裝美本全一册　石版繪入　定價前篇同樣九十五錢

○算學講本合本薄葉　一　册　金貳圓六拾錢

○仝　三角學標高　平面幾何　卷ノ五　金三拾五錢

安藤金三郞編纂
○代數學　壹　册　定價金五拾錢

英國ヴヰヴヤン氏著　宇津木信夫譯
○代數幾何學　洋本全壹册　正價金八拾錢

敎導團敎官第三課編纂
○數學敎授書　金三拾六錢

リヨースレル氏述獨逸學協會翻譯
○佛國革命論　全　一　册　定價金拾八錢

敝社儀從來各官廳印刷御用相勤且西洋紙等モ貴需ニ應シ營業罷在候處御愛顧ニ依リ日ニ月ニ繁榮ヲ極メ候ニ付今般更ニ書籍店ヲモ開設仕敝社出版書籍ハ勿論他店出版ノ書籍ト雖モ御入用ノ節ハ不拘多少ニ敝社ヘ御注文被下候ハヽ精々廉價ヲ以テ速ニ御送本可仕候間益御愛顧ノ上陸續御注文アランヿヲ希望仕候

東京京橋區銀座三丁目十七番地

諸官廳御用印刷發賣所　報行社

登記法實用　全　　別巻 1429

2024(令和6)年11月20日　　復刻版第1刷発行

著　者　坂　崎　　　儁
発行者　今　井　　　貴
発行所　信　山　社　出　版
〒113-0033　東京都文京区本郷6-2-9-102
モンテベルデ第2東大正門前
電　話　03(3818)1019
FAX　03(3818)0344
郵便振替　00140-2-367777(信山社販売)
Printed in Japan.

制作／(株)信山社，印刷・製本／松澤印刷・日進堂

ISBN 978-4-7972-4442-7 C3332

別巻　巻数順一覧【1349 ～ 1530 巻】※網掛け巻数は、2021 年 11 月以降刊行

巻数	書　名	編・著・訳者 等	ISBN	定　価	本体価格
1349	國際公法	W・E・ホール、北條元篤、熊谷直太	978-4-7972-8953-4	41,800 円	38,000 円
1350	民法代理論 完	石尾一郎助	978-4-7972-8954-1	46,200 円	42,000 円
1351	民法總則編物權編債權編實用詳解	清浦奎吾、梅謙次郎、自治館編輯局	978-4-7972-8955-8	93,500 円	85,000 円
1352	民法親族編相續編實用詳解	細川潤次郎、梅謙次郎、自治館編輯局	978-4-7972-8956-5	60,500 円	55,000 円
1353	登記法實用全書	前田孝階、自治館編輯局(新井正三郎)	978-4-7972-8958-9	60,500 円	55,000 円
1354	民事訴訟法精義	東久世通禧、自治館編輯局	978-4-7972-8959-6	59,400 円	54,000 円
1355	民事訴訟法釋義	梶原仲治	978-4-7972-8960-2	41,800 円	38,000 円
1356	人事訴訟手續法	大森洪太	978-4-7972-8961-9	40,700 円	37,000 円
1357	法學通論	牧兒馬太郎	978-4-7972-8962-6	33,000 円	30,000 円
1358	刑法原理	城數馬	978-4-7972-8963-3	63,800 円	58,000 円
1359	行政法講義・佛國裁判所構成大要・日本古代法 完	パテルノストロ、曲木如長、坪谷善四郎	978-4-7972-8964-0	36,300 円	33,000 円
1360	民事訴訟法講義〔第一分冊〕	本多康直、今村信行、深野達	978-4-7972-8965-7	46,200 円	42,000 円
1361	民事訴訟法講義〔第二分冊〕	本多康直、今村信行、深野達	978-4-7972-8966-4	61,600 円	56,000 円
1362	民事訴訟法講義〔第三分冊〕	本多康直、今村信行、深野達	978-4-7972-8967-1	36,300 円	33,000 円
1505	地方財政及税制の改革〔昭和12年初版〕	三好重夫	978-4-7972-7705-0	62,700 円	57,000 円
1506	改正 市制町村制〔昭和13年第7版〕	法曹閣	978-4-7972-7706-7	30,800 円	28,000 円
1507	市制町村制 及 関係法令〔昭和13年第5版〕	市町村雑誌社	978-4-7972-7707-4	40,700 円	37,000 円
1508	東京府市区町村便覧〔昭和14年初版〕	東京地方改良協会	978-4-7972-7708-1	26,400 円	24,000 円
1509	改正 市制町村制 附 施行細則・執務條規〔明治44年第4版〕	矢島誠進堂	978-4-7972-7709-8	33,000 円	30,000 円
1510	地方財政改革問題〔昭和14年初版〕	高砂恒三郎、山根守道	978-4-7972-7710-4	46,200 円	42,000 円
1511	市町村事務必携〔昭和4年再版〕第1分冊	大塚辰治	978-4-7972-7711-1	66,000 円	60,000 円
1512	市町村事務必携〔昭和4年再版〕第2分冊	大塚辰治	978-4-7972-7712-8	81,400 円	74,000 円
1513	市制町村制逐条示解〔昭和11年第64版〕第1分冊	五十嵐鑛三郎、松本角太郎、中村淑人	978-4-7972-7713-5	74,800 円	68,000 円
1514	市制町村制逐条示解〔昭和11年第64版〕第2分冊	五十嵐鑛三郎、松本角太郎、中村淑人	978-4-7972-7714-2	74,800 円	68,000 円
1515	新旧対照 市制町村制 及 理由〔明治44年初版〕	平田東助、荒川五郎	978-4-7972-7715-9	30,800 円	28,000 円
1516	地方制度講話〔昭和5年再版〕	安井英二	978-4-7972-7716-6	33,000 円	30,000 円
1517	郡制注釈 完〔明治30年再版〕	岩田徳義	978-4-7972-7717-3	23,100 円	21,000 円
1518	改正 府県制郡制講義〔明治32年初版〕	樋山廣業	978-4-7972-7718-0	30,800 円	28,000 円
1519	改正 府県制郡制〔大正4年 訂正21版〕	山野金蔵	978-4-7972-7719-7	24,200 円	22,000 円
1520	改正 地方制度法典〔大正12第13版〕	自治研究会	978-4-7972-7720-3	52,800 円	48,000 円
1521	改正 市制町村制 及 附属法令〔大正2年第6版〕	市町村雑誌社	978-4-7972-7721-0	33,000 円	30,000 円
1522	実例判例 市制町村制釈義〔昭和9年改訂13版〕	梶康郎	978-4-7972-7722-7	52,800 円	48,000 円
1523	訂正 市制町村制 附 理由書〔明治33年第3版〕	明昇堂	978-4-7972-7723-4	30,800 円	28,000 円
1524	逐条解釈 改正 市町村財務規程〔昭和8年第9版〕	大塚辰治	978-4-7972-7724-1	59,400 円	54,000 円
1525	市制町村制 附 理由書〔明治21年初版〕	狩谷茂太郎	978-4-7972-7725-8	22,000 円	20,000 円
1526	改正 市制町村制〔大正10年第10版〕	井上圓三	978-4-7972-7726-5	24,200 円	22,000 円
1527	正文 市制町村制 並 選挙法規 附 陪審法〔昭和2年初版〕	法曹閣	978-4-7972-7727-2	30,800 円	28,000 円
1528	再版増訂 市制町村制註釈 附 市制町村制理由〔明治21年増補再版〕	坪谷善四郎	978-4-7972-7728-9	44,000 円	40,000 円
1529	五版 市町村制例規〔明治36年第5版〕	野元友三郎	978-4-7972-7729-6	30,800 円	28,000 円
1530	全国市町村便覧 附 全国学校名簿〔昭和10年初版〕第1分冊	藤谷崇文館	978-4-7972-7730-2	74,800 円	68,000 円